Theory and Practice
of Leadership Science

领导科学理论与实践

毛军权 等 著

复旦大学出版社

目录

领·导·科·学·理·论·与·实·践

第一章　领导科学概述　　1

一、领导科学研究的发展历程　　1
二、基本概念与研究范式　　4
三、领导科学研究的中国化问题　　9

第二章　领导力的特质视角与情境视角的理论　　13

一、特质视角的理论与研究　　13
二、领导力的情境理论与研究　　18
三、特质视角与情境视角的整合性研究趋势　　20

第三章　领导力的社会认同理论　　24

一、社会认同理论　　24
二、领导力的社会认同理论及其基本内容　　28
三、应用与拓展　　34

第四章 变革型领导理论与领导-下属交换理论　39

　　一、变革型领导理论　39
　　二、领导-下属交换理论　44

第五章 领导行为复杂性理论　50

　　一、领导行为复杂性研究的起源　50
　　二、竞值框架理论　51
　　三、领导行为复杂性的测评工具　55
　　四、领导行为复杂性研究的总结与展望　58

第六章 领导与决策　60

　　一、领导决策理论　60
　　二、领导决策过程　65
　　三、领导决策方法　69

第七章 领导与用人　74

　　一、领导用人的理论基础　74
　　二、领导用人的理念与内涵　77
　　三、领导用人的原则　78
　　四、领导用人的方法　83

第八章 领导与执行　88

　　一、执行研究的相关理论　88
　　二、组织执行力的核心流程　93
　　三、个体执行力的提升策略　97

第九章 领导力测评　103

一、领导力测评概述　103
二、领导力测评方法　106
三、领导力测评工具　114

第十章 领导力开发　119

一、领导力开发的基本内涵　119
二、领导力开发的主要方法　124
三、领导力开发的实践案例　129

第十一章 领导者的心理复原力　134

一、领导者心理复原力的内涵及意义　134
二、领导者心理复原力的形成机制　138
三、领导者心理复原力的提升路径　142
四、领导者的整体复原力　146

第十二章 心学智慧与领导力　149

一、三教融合的传统智慧　149
二、知行合一的修行之道　153
三、心学智慧与领导力修炼　158

参考文献　163

后　记　181

第一章

领导科学概述

从 20 世纪 30 年代开始,关于领导问题的研究在美国逐渐开展起来,真正意义上的领导科学不断形成和发展。我国领导科学的产生、发展,则是同改革开放的进程近乎同步的。改革开放以来,我国领导科学从小到大、从鲜为人知到获得普遍关注和高度认可,经历了一个快速发展和广泛普及的过程。来自理论和实践两方面的研究者们紧密结合改革开放和现代化建设的伟大实践,不断推进理论探索和实践总结,取得了丰硕的成果。尽管人们对领导科学的学科属性与学科定位有着不同的认识和观点,但关于领导科学是一门研究现代领导活动规律及其方法的新兴学科和交叉学科的看法则是比较一致的。中国特色社会主义进入新时代,为领导科学研究带来了新的契机。一方面,领导科学需要积极回应社会现实,思考并解答新时代领导活动中的现实问题;另一方面,领导科学也需要加大理论研究的力度,着力开展中国特色领导科学理论研究。

一、领导科学研究的发展历程

(一) 西方领导科学的形成

自古以来,领袖和伟人一直是哲学家、政治家、文学家和历史学家们感兴趣的研究对象。究竟是"时势造英雄"还是"英雄造时势",曾是唯物史观与唯心史观长期争执的问题。这就形成了早期关于领导的研究的两大派别:时势论和伟人论。时势论者认为,是时代造就英雄,而非英雄创造时代。伟人论者认为,是英雄创造了时代,领袖人物可以扭转乾坤、改变历史前进的方向。但是,早期关于领导或领袖的探讨,往往停留在思辨层面,而不是建立在科学基础上的研究,因此还不能称之为一门独立的科学。

真正推动领导科学形成和发展的，有两方面的因素：一是社会实践的需要，二是心理科学的发展。从20世纪30年代开始，关于领导问题的研究在美国积极地开展起来，真正意义上的领导科学不断形成和发展。究其原因，一方面是当时政治领导的危机引起社会学、政治学等学科研究者对领导问题的兴趣；另一方面是第二次世界大战的爆发，大批心理学家被军方征去开展各类人员心理选拔和训练。这就对领导问题的研究提出了迫切要求。第二次世界大战之后，应社会和经济组织的现实需要，很多研究者转向社会生产实践，开展了企业中领导人员的选拔和训练研究（李明、凌文辁，2018）。于是，关于领导学的研究也就更加活跃起来。从20世纪初开始，西方国家的研究者们从不同的切入点提出了不同的领导理论，传统领导理论的发展经历了领导特质理论（trait theories）、领导行为理论（behavioral theories）和领导权变理论（contingency theories）三个阶段。进入20世纪70年代以后，随着经济社会的发展，管理实践中出现了一些新现象和新问题，这就促使研究者们从一些新的角度去解释领导现象，探索领导力的新理念和新模式，一些新型领导理论的提出改变了人们对领导研究的认识，主要包括情境领导理论、领导-下属交换理论（LMX）、变革型领导理论和魅力型领导理论等。进入21世纪后，针对不断出现的一些领导人物的丑闻和不正当行为，西方社会公众以及领导力研究者开始更多地关注领导者的道德、公正、价值观和正直性等。一些新兴的领导理论尝试把伦理、精神和真诚等概念吸收进来，包括伦理型领导、精神型领导和真诚型领导等。

第二次世界大战之后，来自不同学科的研究者拿着擅长的"研究武器"，从管理学、心理学、行为科学、社会学、政治学等不同学科视角，把领导活动、领导者的素质、领导行为、领导方法、领导艺术、领导决策等上升到科学理论的高度进行研究。相较于早期关于领导现象的讨论，这些研究无论在深度、广度、系统性方面，还是在科学理论形态上，都得到了升华。尽管那时人们还没有用"领导科学"这个词，相关研究也分散在多个学科领域之中，但领导科学的产生，的确是第二次世界大战以来就有了的事情（胡世禄，1987）。

（二）我国领导科学的发展

中华人民共和国成立之后的很长一段时间，"领导"这一重要的社会现象并未被人们作为一种科学的研究对象,而仅仅是停留在对工作方法和工作作风的经验总结上。在20世纪80年代以前的中国,"领导"这个概念尚没有与科学结缘。

"领导科学"这一名称的确定,可追溯至1980年12月召开的"中国未来研究会首届全国学术讨论会"。1981年9月,中组部、中宣部联合召开干部教育座谈会,明确提出"各级党校要筹备开设领导科学课"的建议。1982年10月,中共中央、国务院《关于中央党政机关干部教育工作的决定》把"领导科学"列为党政干部必须学习的共同业务基础课之一(李永林,1992)。之后的几年,在这一决定的倡导下,从中央到地方举办了各种类型的"领导科学"培训班、讲座、研讨班等,一些著述、教材相继问世。1985年3月,河南省社会科学联合会创办了全国第一家公开发行的该专业理论刊物——《领导科学》。在这之后,研究领导科学的论文、著作、研究会、学术研讨会等如雨后春笋般纷纷面世(李恒灵,2000)。

1986年10月4日,江泽民同志在上海发表了题为《各级领导干部都要研究领导科学》的重要讲话,对领导干部学习并运用领导科学理论提出了要求:"什么是领导科学?我认为领导科学就是指领导工作中合乎规律性的东西。我们在长期的革命实践中积累了许多经验,要把它上升到理论上来,使之科学化。"之后,领导科学进入一个全新的发展时期,一些省、区、市领导科学研究会等研究实体相继建立(任真等,2009)。2003年8月,中国领导科学研究会成立,标志着我国领导科学学科建设进入一个新的发展阶段。

我国领导科学的产生、发展同改革开放的历史进程几乎是同步的。改革开放以来,领导科学从小到大、从弱到强,从鲜为人知及观望、怀疑到获得普遍关注和高度认可,经历了一个快速发展和广泛普及的过程(刘兰芬,2010)。来自理论和实践两方面的研究者们紧密结合改革开放和现代化建设的伟大实践,结合党建设新的伟大工程的推进,不断解放思想、探索规律、勇于创新,取得了丰硕的成果,开辟了中国特色领导科学研究的新境界(唐铁汉,2009)。可以说,我国的领导科学是为了适应改革开放以来干部人事制度改革的现实需要应运而生的,也是在不断解决改革开放和现代化建设实践中遇到的各种理论和现实问题中不断发展演进的。因此,我国领导科学发展体现出鲜明的应用性和实践性特点。

二、基本概念与研究范式

(一) 领导科学的基本概念

1. 领导与领导者

"领导"这个词作为日常用语,一般有两种典型用法。一种是作为名词使用,如"市委领导""区委领导"等,这里的"领导"是指"领导者"。作为名词的"领导"往往是"领导人"或"领导者"的习惯性简称。另一种是作为动词使用,如"坚持党的领导",这里的"领导"则是一种活动、一种行为。现实生活中,人们通常把领导者(leader)称为"领导",也把领导者的行为或影响(leadership)称为"领导"。事实上,"领导者"与"领导"是两个不同的概念。凡是社会群体或组织,不论其规模大小、形式、性质如何,为了达成共同的目标,实现组织的有效运转,领导者往往发挥着举足轻重的作用。一个组织的成功或失败,很大程度上都可以归结于领导者的责任。但是要研究领导现象,首先就要明确研究的客体主要是领导者的行为还是影响过程(也称为领导力)这个前提。

学界对领导的定义可以说是"仁者见仁,智者见智"。概括起来,主要包括三种视角或观点。其一是将领导视为一种行为,是引导群体活动以达到共同目标的行为;其二是将领导视为一个过程,是促使他人以一种有效的方式去努力工作,进而实现组织目标的过程;其三则是将领导视为一种影响力,通过对他人施加影响,从而使人们心甘情愿地为实现组织目标而努力。从组织机能达成的视角来看,"领导"即是领导者通过组织赋予他的职权和个人所具备的品德魅力去影响他人,以实现组织目标并维系组织的生存与发展。领导效果不仅受团体机能发挥好坏的影响,而且也受领导者个人品质的影响。因此,领导行为不仅是领导者所代表的团体机能的展现,也是领导者个人品质的外在表现(李明、凌文辁,2018)。

无论是以权力为核心,以人格特征为核心,以行为过程为核心,还是以人际关系为核心,这些定义都是同相关领导理论或构念联系在一起的。因此,很难得出一个统一的定义。不同的定义,导致了领导力构念、测量、考察和评论等方法的不同。如一些研究者仅仅从领导者个人的视角来解释领导现象,而另外一些研究者则从关系、群体或下属等视角展开探讨。也有研究者关注领导者的特质和行为,或者从认知和情感等方面来研究领导力及其影响。领导科学研究中形成的不同视角恰恰反映了领导构念的多种合理方式,可以帮助人们进一步从广度和深度两方面来理解领导现象。

2. 领导与管理

领导与管理是既存在联系又有区别的两种组织活动。两者的目标是基本一致的,都是为了引导和保障一个组织高效地运转运行,实现最大效益。两者的区别主要体现在三个方面。

其一,就层次而言,领导具有战略性,着重研究带有全局性和战略性的问题,层次相对较高。管理具有战术性,重点研究组织中带有局部性、专业性和战术性的问题,层次相对较低。如果说管理者主要是按照既定的目标完成规定任务的话,那么领导者主要是去寻求和制定这些目标(李俊臣,2009)。

其二,就对象而言,领导者主要是做人的工作,是对人和事的引领和带动。正如《美国陆军领导力手册》所指出的:领导者领导的是人。现代领导理念尤其强调人是价值性的存在,要特别关注人的精神和思想。管理则重在管事,主要是处理人与物、物与物的关系,侧重于对人、财、物、时间等的调度和配置。

其三,就功能而言,领导具有综合性,通常表现为组织活动指引方向、开拓局面和推动变革,其艺术性特征明显。管理具有职能性,通常是为了组织活动建立秩序、提供方法、维持运转,其技术性特征明显。创新是领导活动的实质,领导者必须要有开拓精神、改革精神、创造精神。从这一方面来说,领导的"化学"特性同管理的"物理"特性是有本质不同的(萧秉信,2003)。

在现实工作中,纯粹的领导工作或管理工作是没有的,两者通常是混合体现在领导工作或管理工作中,不可能彻底区分开来。对此,王雪峰(2014)通过一个比喻来形象说明:领导的功能是驾驭组织,若把组织视为一个"人",领导是"大脑",其他管理是"小脑""脑干""神经",被管理的群体是"脏器"和"肢体"。大脑与小脑、脑干、神经在功能上是不同的,也正因为这些差异和不同,才能系统性地构成有活力的生命体。因此,只有同时实现"强领导"和"强管理"的组织才能在激烈的竞争中获得生存和发展。以领导工作为指导的管理工作才能有方向、不僵化,以管理工作为基础的领导工作才能卓有成效。"领导有余,管理不足"或"管理有余,领导不足"都是不利于组织发展的。一些领导者习惯于等待上级下指示、给方向、定目标,满足于整天忙忙碌碌地应付具体的事务,就是片面地将领导工作当成了单纯的管理工作。也有一些领导者喜欢空喊目标和口号,不注重通过严格高效的管理去实施和落实,忽略了管理工作也是领导工作的有机组成部分。当然,领导与管理的关系有时候也是相对的。处于某一层级的领导者,对下要体现出领导者角色,但对上则要体现出管理者角色。所以,在领导和管理实践中,不能将两者混同或相互替代,必须有机结合起来(冯秋婷,2011)。

3. 领导者与被领导者

在领导活动中,领导者和被领导者互为前提、相互作用,共同推动着组织发展,因此要关注领导者与被领导者在领导活动中的互动(刘兰芬,2010)。当前,社会发展的速度越来越快,人们的整体素质也越来越高,领导者与被领导者之间的界限也越来越不明晰,以往一些只有领导者才能完成的事情,现在被领导者同样可以完成,甚至完成得更好。因此,"领导"从某种意义上说已经不再是少数掌权者或精英的权利,反而更多是一种责任和一种能力。

被领导者通常指在领导活动中执行具体决策方案并推进组织目标实现的行动者。被领导者往往包含两个方面:一是领导者直接统领的下级部属;二是公共部门等领导者为之服务的广大社会公众(苏保忠,2009)。2006年第12期《党建研究》杂志在"知识窗"栏目中专门探讨了领导者和被领导者之间的关系。被领导者是领导活动中的基本要素,在领导活动中兼具两种类型的任务:对领导者来说,被领导者是客体;对群体价值和组织目标来说,被领导者又与领导者共同构成了领导活动的主体。被领导者自身的素质和能力等条件,对所在组织或团体的关心程度,以及工作的积极性、主动性和创造性等,对于提高领导活动成效具有重要影响。离开了被领导者的认同、支持和参与,领导者就无法实施领导活动。

领导活动的开展必须依赖于领导者与追随者的有机结合。领导者同被领导者之间的关系通常表现为层级关系、交易关系、追随关系和伙伴关系四种形式。层级关系和交易关系建立在领导者被赋予的职权基础上,追随关系和伙伴关系则是建立在领导者的影响力及能力基础上。时代在发展,追随者在领导实践中的主体地位也越来越显现、突出。作为现代领导者,应当自觉将权力影响力同人格影响力有机结合,正确处理好同被领导者之间的关系。

(二)领导科学研究的基本范式

1. 领导科学研究的"学科丛林"

领导问题是多层次的社会现象,可以从许多不同的角度来对它进行探讨。

孟建平、霍国庆(2008)认为,已有主流领导理论的研究大致可分为三个阶段,分别对应特质理论流派、行为理论流派和情境理论流派三个主流学派。这些主流领导理论的倡导者主要来自社会心理学和管理学领域。还有其他许多学科也始终关注着领导现象,包括政治学、教育学、军事学、社会学、历史学、经济学,乃至体育学、艺术学等学科也把领导现象作为自己的研究课题。这样,就自然而然地产生了领导科学研究的"学科丛林"现象。

第一,领导现象属于众多学科皆感兴趣的研究内容。每个学科领域的研究者均倾向于运用本学科的理论、技术、方法针对领导现象开展解释和研究。第二次世界大战后开始的领导特质理论研究主要是由社会心理学家主导的,社会心理学是心理学和社会学的边缘学科,该学科围绕社会上一个特殊群体(领导者)开展研究,并尝试用特质来解释领导现象就是顺理成章的事情。政治学领域的研究者则更为关注"权力",大多数的政治理论家往往把权力视为政治领导的基础,倾向于从领导者掌控更多权力的角度审视领导实践活动(白雪苹,2014)。这些关注领导问题的学科之间由于缺少对彼此立场、观点的理解和交流,很容易导致对领导概念理解的多样性和混乱性。

第二,不同类型组织中的领导实践差异明显。政府部门的领导实践同企业中的领导实践差异很大,企业中的领导又不同于军队中的领导,非正式组织中的领导又区别于正式组织中的领导等。专门研究某种特定类型组织的研究者往往给出特定组织情景中的领导定义。如政府部门的领导尤为强调"服务",而军队中的领导则强调"服从"。很多研究者忽略了组织类型的差异问题,一些研究者甚至偏颇地认为自己的解释是普遍适用于各种类型组织的,这是不利于领导科学发展的。

第三,不同层级领导者的领导实践差异明显。不同层级的领导者所承担的任务、看问题的高度等都有很大差异。传统研究主要关注中低层领导者,更多研究他们同直接上下级之间的关系,这样得出来的结论就很难移植到高层级领导者。20世纪80年代后研究者们转向对更高层面组织领导者开展研究时,领导行为的内容就有了明显变化,如更为重视战略制定、价值观确立等问题的探讨。

第四,不同时代背景下的领导实践差异明显。在组织外部环境相对稳定的工业化时代,组织的各层级领导者将主要精力和时间放在提升组织效率和协调内部活动等方面。进入21世纪以来,组织外部环境和内部环境的不确定性增强,"变"成为唯一不变的主题,这时候的领导者就必须关注变革、激励创新、留住核心人才。这就可以解释为什么很多研究者都要探讨"领导"与"管理"的差异问题,并将领导同变革、创新、鼓舞等领导行为联结起来。

2. 领导科学学科范式的探讨

不少研究者围绕如何建构中国领导科学的学科基础、学科体系、学科范式等展开了探讨。这里选择两个具有代表性的观点做一介绍。

毛元生(2009)提出,应重点围绕领导职责、领导方法和领导素质等方面展开研究,建构领导科学的学科范式和学术规范。一是领导职责论。有些领导者事必躬亲、事无巨细,大权独揽、小权不放,存在"种别人的地、荒自己的田"的行为倾向;也有些领导者不负责任、不敢担当,甚至出现失职、渎职问题。因此,领导科学必须研究领导者的职责究竟是什么、应该干什么。职责清晰是基础性、前提性工作,只有弄清了职责,才可能履行好自己的领导职责。二是领导方法论。一些领导者"不是不想干,而是不会干",办事无法、处事无能,难以打开工作局面,最终导致上级和下级都不满意。因此,领导科学必须研究领导者应该怎么干,如怎样提高领导水平、如何激励下属、如何处理工作中的主次矛盾等。三是领导素质论。一些领导者存在知识结构满足不了岗位需求、政治理论水平不高、道德修养不足等问题。领导科学必须研究在新时代背景下领导者应该如何改善心智模式、改进胜任领导工作的素质条件的方法路径,以及如何树立正确的世界观、人生观、价值观、权力观,如何转变作风、解放思想、与时俱进等问题。概括起来说,领导职责论、领导方法论、领导素质论分别对应于研究"领导者应该干什么""领导者应该怎么干""领导者应该什么样"的问题,三个方面是相互联系、内在统一的,共同形成领导科学的基本范式框架,组成领导科学的基本内容体系。

刘峰(2018)则是将领导科学的学科范式总结为四大理论,即领导特质理论、领导行为理论、领导情境理论和领导变革理论。一是领导特质理论。特质理论是领导科学发展早期形成的第一个基础理论,是领导科学学科的起点。相关研究主要试图回答具有什么样的性格特征、能力素质的人比较适合领导活动,并且能够产生较高的领导绩效(刘峰,2014)。这些特质可以包含领导者的智商、情商、品德、抗压能力、胆识等,既有先天形成的,也有后天形成的。二是领导行为理论。紧随领导特质理论之后出现的领导行为理论相关研究,主要试图回答领导者应该干什么的问题。毛泽东认为领导者的责任归结起来就是出主意、用干部两件事,邓小平认为领导就是服务,他们都强调领导行为的重要性。领导风格理论、管理方格理论及服务型领导理论等都可以视为行为理论。三是领导情境理论。相关研究特别强调领导情境对领导活动和领导绩效的作用,关注的要素包含领导者、追随者,以及由制度、环境、文化和任务等构成的领导情境,领导力的构成和提升有赖于三个要素间的匹配程度(刘峰,2014)。领导者必须同环境相适应,环境既包括硬性的体制机制,也包括软性的文化要素。就像物理学中"力"离不开"场"一样,领导者需要在特定的环境中磨砺领导艺术、提升领导力。领导权变理论、领导-下属交换理论、路径-目标理论等都属于情境型理论。四是领导变革理论。领导与变革是共生的,现代领导工作的本质就是主动变革、推动和领导变革,并在变革中实现领导的价值(刘峰,2014)。领导变革理论围绕变革型领导、共享领导、魅力型领导及基于价值的领导力等主题,关注"变革什么"及"为什么变革"这些根本性问题。领导特质理论、行为理论、情境理论和变革理论分别回答"领导者是什么人""领导者要干什么事""领导者该怎么干""领导者为什么干"的问题。这四个方面将领导科学的历史和逻辑有机结合起来,构成了领导科学的学科基础,是支撑领导科学的基本理论范式,领导现象的很多问题都可以从这四个角度去解释和预测。

三、领导科学研究的中国化问题

(一) 中西方领导学研究的差异性

1. 领导科学研究不能脱离特定的社会文化背景

领导现象虽是全球共有的社会文化现象,但不同国家的政治制度和经济制度等不同,领导活动的性质、内容与方法也自然不同(雍涛、陈祖华,1985)。在某种文化背景下被认可的领导行为,在其他文化背景下可能被排斥或谴责。例如,Javidan等(2006)的研究指出,在高不确定性规避和低不确定性规避两种文化背景下,领导对下属所产生的影响也不同。

2. 我国的国情和文化背景同西方国家存在较大差异

在我国数千年的文明历史中占主导地位的儒家文化(也包括道家、墨家、法家等思想)与西方文化有很大的差别。美国等西方国家在对人的管理上强调"法治",重视法律、规章和制度的完善,以雇佣合同和契约等来规范、约束领导与下属双方的行为。日本在对人的管理上则强调"人治",重视人的价值取向,把员工视为大家庭中的一员给予关照,实行以人为本的人性化管理。中国对人的管理则更加注重"德治"。在20世纪70年代后期,各国掀起了学习日本管理方式的热潮。但是,日本管理方式在欧美国家并没有获得成功。其原因就在于日本的管理模式深深扎根于日本文化,别国的文化背景与日本不同,生搬硬套是无法适合本国国情的(李明、凌文辁,2018)。同样,在开展领导科学研究时,既要注意吸收外国的理论和方法,又必须充分结合我国的国情。

3. 领导行为评价的中国模式同西方模式具有明显的差异

在不同文化背景下的领导力模式中,既有相同的成分,也会有不同的成分。如在对领导者评价的问题上,有学者认为中国模式与西方模式的最大区别在于中国人对领导者品德方面的强调。这首先是受中国的传统文化和中国人的道德观念的影响。这种道德伦理观至今仍深深地影响着现代人的思想和评价标准。另外,中国历史上形成的传统集权体制也影响着人们对领导者道德品质的要求。集权体制增强了领导者的"权威",在这种情况下,人们往往把各种希望寄托在开明的领导者身上,期望那些"德高望重"的人来做领导,从而抵消可能存在的"官本位"思想和监督机制不健全等带来的一些弊端(凌文辁、方俐洛,2000)。中国文化背景下的家长式领导和CPM领导理论,都反映了东西方文化背景下领导行为的差异(王辉等,2006)。

4. 中国本土领导科学研究日益兴盛

《领导季刊》(*The Leadership Quarterly*)于2015年第26卷出版了"亚洲的领导力模型"特刊,探讨亚洲文化背景下领导现象和问题,并刊出了一些中国本土领导力研究的成果。数千年的中华文明史,沉淀了丰富的政治、社会、经济管理经验和领导模式。中国文化背景下的"重视关系(guanxi)""恩威并施""以德为先""中庸之道"和"无为而治"等领导理念已经吸引了一些学者开展了相关研究。如李锐等(2016)考察了集体主义倾向和个人传统性两种传统价值观以及上下属关系(guanxi)对员工沉默行为的影响,以及中国文化情境下注重"施恩"的仁慈领导方式对下属亲社会性规则违背的影响效果,特别是组织不确定性与员工中庸倾向和权力距离取向在其中发挥的调节效应(李锐等,2015)。Ma和Tsui(2015)则是将中国传统哲学同当代领导理论模型进行对比,并阐释了道家、儒家和法家哲学对领导行为研究的启示。日益兴盛的本土领导现象研究丰富和扩展了领导科学的研究范式,可以帮助人们从一些新的视角来理解独特的领导现象。

(二) 建立具有中国特色的领导科学

领导科学植根于实践又服务和应用于实践,是一门综合性的应用型学科。领导科学研究必须扎根于中国社会发展的实际,从鲜活的改革开放和转型发展实践中去总结经验、升华理论,建构具有中国特色的领导科学学科体系。必须将中国发展进程中的领导现象、本质、规律作为研究对象,探索领导方式、领导方法、领导思维的创新和领导能力建设,不断研究新时代领导实践中出现的新情况、新问题、新经验,服务于新时代中国的经济和社会发展。这既是新时代社会发展的需要,也是我国领导科学学科自身发展的需要。只有这样,才能克服领导科学理论与实践距离较大的不足(刘明辉,1991)。领导科学也是一门政治性很强的学科,理论创新和学科发展必须把握正确的政治方向、紧跟时代步伐。坚持以马克思主义理论为指导,推进具有中国风格、中国气派、中国智慧的领导科学学科发展。构建中国特色领导科学学科体系既是一个方向性的、历史性的变革创新,也是新时代所赋予的政治任务和学术使命(奚洁人,2018)。

1. 深化对中国共产党领导规律的认识和把握

深入挖掘中国共产党建党以来领导实践中所形成的中国化马克思主义领导思想资源,尤其是习近平新时代中国特色社会主义思想所蕴含的治国理念、领导方略、领导制度、执政方式、领导者人格品质和精神涵养等,在此基础上积极探寻和不断深化对中国共产党领导规律、在中国进行领导活动的一般规律,以及具有世界普遍意义的领导规律的认识(奚洁人,2018)。

2. 重视开发中华优秀传统文化中的领导思想与历史资源

中国传统文化博大精深,是我们拥有的独特思想文化资源。经济社会发展日新月异,中国特色领导科学研究可以从中国古代哲学智慧和现代经济社会发展的实践切入,将以扎根理论、案例研究为代表的定性研究方法,同以量化测评、实验研究为代表的定量研究方法结合起来,围绕"德行""中庸""关系""权威"等相关主题开展本土领导学研究。要以高度的文化自觉、理论自信和实践勇气实现中华优秀传统文化的创新性转换和发展,使领导科学研究更加凸显自身的历史底蕴和民族特色。

3. 注重在鲜活的领导实践中总结经验和规律

领导科学研究理应体现当今世界和当代中国发展变化所提出的新要求,体现马克思主义领导理论创新的实践特色、时代特征和最新成果。具有中国特色的领导科学应该是中国共产党和各级干部群众在中国特色社会主义伟大实践中励精图治、开拓进取、探索真理、把握规律的结果和结晶(姜平,2008)。必须从新时代正反两方面的鲜活领导实践案例中寻找和把握做好领导工作的规律。善于认识、挖掘信息技术、新媒体等在领导实践中的价值和意义,拓展领导科学研究的新理念、新方法、新范畴,充分展现中国特色领导科学的独创性、实践性和时代性。

4. 促进中国特色领导科学同国外有益成果的相互借鉴

进入新时代,我国国际影响力不断增强,在这一过程中要深化对中国方案、中国智慧的国际领导力研究,从而构建具有中国特色和国际视野的领导科学学科体系(奚洁人,2017)。将中国的领导艺术、管理智慧和实践经验同世界分享,促进中国特色领导科学理论和实践更多地影响其他国家的政党和相关领域理论研究者。与此同时,也要注重吸收其他国家、政党的政治家、思想家和领导学研究者的智慧和观点,以人类文明的有益成果为中国特色领导科学的枝繁叶茂提供养料。

第二章

领导力的特质视角与情境视角的理论

领导力(leadership)作为一种重要的社会现象,已经成为一个重要的学术性研究主题。一百多年来,学术界关于领导力的研究文献虽然非常丰富,但是该研究领域还远未规范,关于领导力的定义和理论也纷繁复杂。本章主要就领导力的特质视角与情境视角理论的主要内容、演变发展情况进行梳理,并介绍了体现特质视角与情境视角的整合性研究趋势的相关理论和研究。

一、特质视角的理论与研究

领导力的特质视角的理论主要是强调人格特质在有效性领导或领导力开发中的作用。特质视角的理论研究在20世纪初期和20世纪80年代曾有两次研究高峰。目前,特质视角的理论研究又重新得到学术界的重视。

1. 特质视角的理论起源及早期研究

在最初关于领导特质理论的研究中,高尔顿(Galton)于1869年出版的《遗传的天才》(*Hereditary Genius*)一书堪称典范。在此书中,高尔顿强调了两个基本观点:第一,他把领导力定义为非凡个体或英雄人物的特定素质特征,这些人的决策有时能够改变历史进程;第二,这类个体的唯一性特征来自遗传或基因。因此,高尔顿认为,决定有效性领导的个人素质是一种天赋,从一代遗传给下一代。当然,对于领导力开发而言,这种观点意味着领导素质特质是固定不变的,无法进行后天的开发和培养。

在20世纪初期,领导研究领域中的学者们采用心理学研究方法研究领导者特征问题,尤其是心理测验学的发展在一定程度上促进了领导力的特质视角的研究。心理测验的发展为测量这些特质概念提供了潜在可能性。如果领导力是一种人格特质,就应该能够进行测量。心理测验学的发展对于特质视角研究的意义在于,在实践应用上,大大促进了领导者选拔的科学性和公平性。但是,在20世纪四五十年代以后,很多学者开始逐渐放弃这种领导力的特质视角的研究,转向了其他研究途径。

出现这种转变的一个很重要的原因是,大部分学者认为领导力的特质分析不足以解释领导有效性或领导者的有效性。Stogdill(1948)在对1904—1947年的124个相关研究进行综述分析后认为:"证据表明,领导力是一种关系,这种关系存在于社会情境中的人们之间,在一种情境的领导者可能并不必然成为另外一种情境中的领导者。"很多学者认为,Stogdill的这一研究结果敲响了领导力特质理论的丧钟,从而导致领导特质理论研究走向低潮。因此,在领导力研究领域,20世纪四五十年代以后的30—40年,基于特质视角的领导力研究就非常少见。

2. 特质视角的实证研究及理论模型

20世纪80年代以来,随着管理实践和人格心理学的发展,领导力的特质视角的研究又重新受到学者们的重视。当然,与早期研究相比,这个时期关于领导力特质的研究也呈现出新的特点。首先,比较注重实证研究证据的收集;其次,开始关注理论模型的构建。

(1) 实证研究。20世纪80年代以来,领导力的特质视角的研究之所以又重新回到学者们的视野,迎来新的研究高峰,有以下几方面原因。

首先,来自实证研究结果的支持。Kenny和Zacaaro(1983)采用更加复杂的统计模型对前人的研究进行重新检验,结果发现,在领导者显现(leadership emergence)中,49%—82%的变异可归因于领导者的人格特征。Lord等(1986)对早期研究进行元分析研究的结果表明,在早期研究中,相关的数据分析严重低估了领导者特质的效应。在其他研究中,研究者们也报告了与此类似的结论(Ferentinos, 1996; Zaccaro, Foti and Kenny, 1991)。根据他们的实证研究,领导特质是一个人成为领导者的前提条件,具有跨情境的特点。换句话说,在一种情境中能够成长为领导者的人在完全不同的其他情境中也能够成长为领导者。同时,根据他们的观点,这些领导特质可以是先天遗传的,也可以是后天习得的,或者是两者都有。

其次,在20世纪50年代至80年代的领导力研究文献中,虽然情境视角的研究还是时代潮流,但是,在某些研究领域中,强调个体差异的研究还是明显存在的,尤其是在工业心理学的应用研究之中更是如此。这类研究倾向于把组织管理者的晋升作为领导力校标。例如,Miner(1978)与 McClelland 和 Boyatzis(1982)的研究提供了动机性特质与管理晋升和领导有效性之间存在关联的证据。Bray、Campbell 和 Grant(1974)采用纵向研究,提供了成就动机、人际技能、智力和行政技能与被试者 20 年后所获职位等级之间存在关联的证据。McCall 和 Lombardo(1983)识别出,具有上升势头的管理者从高层职位竞争中出局的管理特质。其他大量研究已经把人格变量和其他稳定性的个人特质与领导有效性联系起来,并为在预测领导有效性中特质的重要性提供了坚实的实证基础(Judge, Bono, Ilies and Gerhardt, 2002; Peterson, Smith, Martorana and Owens, 2003)。

Richard(2005)和 Zaccaro 等(2004)分别总结了 20 世纪 90 年代之前和之后学者们对领导者关键品质的研究成果,见表 2-1 和表 2-2。

表 2-1　20 世纪 90 年代之前领导科学研究中的领导者关键品质

特质类型	内 容 描 述
个性特征	精神饱满,富有活力
智力和能力	聪明,有认知力,有知识,有判断力和决策力
个性	自信,诚实和正直,热情,有领导愿望,具备独立性
社会特征	有人际交往能力,有合作精神与合作能力,有机智、灵活的交际手段
与工作相关的特征	有追求卓越的愿望,有完成目标的责任感,遇到困难时坚忍不拔
社会背景	教育,流动性

资料来源:Richard, L. D. The Leadership Experience (Third Edition) [M]. Thompson South-Western, 2005.

表 2-2　1990—2003 年领导科学研究中的领导者关键特质

特质类型	内 容 描 述
人格	外倾性,尽责性,情绪稳定性,开放性,随和性,MBTI
动机和需要	权力动机,成就动机,领导他人的动机
社会能力	自我监控,社交智力,情绪智力
问题解决技能	建构问题,提出方法,元认知
隐性知识	—

资料来源:Zaccaro, S. J., Kemp, C., Bader, P. Leader Traits and Attributes. In Antonakis, J., Cianciolo, A. T., Sternberg, R. T. (eds) The Nature of Leadership [M]. Thousand Oaks, CA, US: Sage Publications, Inc, 2004.

Yukl(2009)指出,尽管不同研究中所甄别出来的特质类别甚至名称都有所不同,但与领导有效性有关的特质主要包括:精力旺盛且忍耐力强、自信、内在控制点导向、高情绪智力、个性正直、社会化权力动机、中等程度的高成就导向、低亲和需要等。

(2) 关于领导者特质的理论模型。尽管20世纪80年代以来的研究者们提供的实证证据支持了基于特质的领导有效性,然而这些研究大都是非理论性的,没有一个系统的理论框架来解释特定的领导者特质如何以及为什么会与领导校标相连接。为此,Zaccaro等(2004)提供了一个领导者特质如何影响领导者绩效指标的理论模型(见图2-1)。这个模型是以关于领导者个体差异与绩效关系的其他模型为基础,并依赖于几个已经被检验过的关于领导者特质的假设。

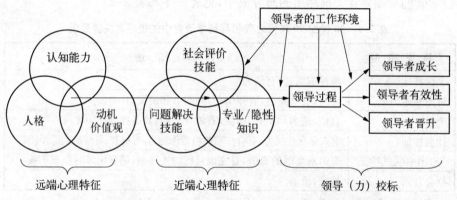

图2-1 Zaccaro等人关于领导者心理特征与领导者绩效的模型

图2-1中的模型对领导者特征进行了定义,包括认知能力、人格或气质、动机和价值观、社会能力、问题解决技能,以及隐性知识。认知能力包括一般智力、认知复杂性和创造力;人格或气质包括适应性、外倾性、风险偏好;动机和价值观包括社会权力需求、成就动机和领导动机;社会能力包括社会和情绪智力,以及说服和谈判技能;问题解决技能包括元认知、问题建构、解决方案产生,以及自我管理技能等。

Zaccaro等(2004)的这个模型虽然是以领导特质为中心,但也把情境性影响因素整合到这个理论框架之中。尽管如此,该理论框架仍根植于区分领导者和非领导者的稳定性的个体差异的视角。Zaccaro(2012)指出,领导特质理论研究的前两次高峰为目前正在出现的第三次研究高峰奠定了坚实的基础,在当前的趋势中,领导特质研究模型的构建需要考虑更大的复杂性问题。他认为,领导领域的前沿研究应该构建特定的、更为细致的整合领导特质与领导过程和结果的模型,以多变量的视角来剖析领导这一复杂的组织现象。

3. 当前特质视角理论与研究的特点

当前关于领导力特质视角的理论与研究主要有以下四个特点。

第一,对领导特质的认识与早期研究存在着很大的不同。早期研究更多地采用了高尔顿(Galton)的观点,即领导特质被理解为个体先天的或遗传的心理素质,比较多地关注能够预测个体领导力的关键性的领导者特质,但是这些特质很少在一个具有内在联系的有意义的概念建构中组织起来。当前特质视角研究认为,领导力代表着行为的复杂模式,在一定程度上可由多种领导者特征进行解释,领导研究的特质途径需要反映这一现实。例如,Zaccaro等把领导者特质定义为个体特征的相对内在的整合模式,而不是孤立地理解领导者特质。

第二,当前特质视角的研究认为,领导特质包含了能够提升领导者有效性的各种稳定性个体特征。传统的理论和研究认为,特质是指人格特征。现代领导特质视角认为,把领导者与非领导者区分开来的心理特征是非常宽泛的,不仅包括人格特征,也包括动机、价值观、认知能力、社会和问题解决技能,以及专业知识与技能。这一定义所强调的是能够预测领导者有效性的各种个体差异。

第三,早期理论和研究认为,人格特质具有跨时间和情境的稳定性和一致性,而当前的理论和研究认为,领导者的个体差异可能在跨时间和情境的相对稳定性或延展性上也有所差异。有些研究者已经注意到,类特质(traitlike)个体差异(如认知能力、人格)与类状态(statelike)个体差异(如自我效能、工作技能)之间的区别(Chen, Gully, Whiteman and Kilcullen, 2000)。这种区别意味着,某些领导者特征的影响力更加具有跨情境的稳定性,而其他一些领导者特征可能更加具有情境上的弹性。更加重要的是,稳定的或类特质个体差异能够预测领导者所习得和展示出来的类状态的特征水平。因此,领导力的特质视角的理论和研究将来需要思考,领导者特征在情境因素上存在怎样的差异,以及它们对领导行为的可达性上有何不同。

第四,当前理论和研究认为,领导力的特质研究途径必须考虑情境因素,并把情境作为领导力变异的一个重要来源。当前领导力特质视角的理论和研究也承认,情境对于解释领导行为的变异性非常重要。然而,情境在解释领导者与非领导者之间的差异时却可能不是关键性的因素。当然,领导力的特质视角需要说明情境性变异的角色功能。这一点在 Zaccaro 等(2004)的以特质为中心的领导力模型中也得以体现。

二、领导力的情境理论与研究

1. 情境理论的起源及早期研究

在领导力研究领域中,情境视角的出现可以追溯到 20 世纪五六十年代的俄亥俄州立大学和密歇根大学关于领导者行为的研究。俄亥俄州立大学和密歇根大学的研究者并不关心领导特质问题,他们关心的是在履行领导者角色时领导者所表现出来的行为。例如,俄亥俄州立大学关注的是"关心"(consideration)和"定规"(initiating structure)两个相互独立的行为维度。"关心"主要是指,在工作背景内或工作背景外,与员工建立互信,双向沟通,亲善,关心;"定规"主要是指,定义工作关系,工作计划,工作方法和工作完成。

在领导力研究领域,对领导行为的研究是承认情境作用的开端和起源。因为,领导行为不仅受领导者气质的潜在影响,也受领导者所面对的情境的影响。不过,俄亥俄州立大学和密歇根大学的研究基本上关心的是领导者行为的后果,而不是它的前因;进而在测量领导行为时,研究者关注的是领导者在绝大多数时间内所做之事,而不是行为的背景,或背景因素是如何导致领导行为偏离平均行为的。

在 20 世纪五六十年代,领导力研究开始关注情境因素的作用,从大的历史背景来看,这种转变反映了社会心理学对领导力研究的影响作用,尤其是著名心理学家勒温(Lewin)的社会心理学理论的影响作用。

2. 情境视角的主要理论

20 世纪五六十年代以后,在领导力研究领域中,比较有影响力的情境视角的领导力理论主要有以下三个。

(1) 菲德勒(Fiedler)的权变模型。弗雷德·菲德勒(Fred Fiedler)是第一个提出完整模型来处理领导者特质和情境变量的心理学家。通过让领导者们在一套双极形容词表上对最不喜欢的同事的相对赞同或不赞同的描述，菲德勒把领导者们分成关系驱动的领导者和任务驱动的领导者。菲德勒研究了这两类领导者在八个不同情境类型中的相对有效性，这八个情境类型由三个二分变量的不同组合进行编制：① 领导者-成员关系；② 追随者-任务结构；③ 领导者-职位权力。菲德勒研究发现，关系驱动的领导者在八个情境中的四个情境中，其表现要好于任务驱动的领导者，但在其他四种情境中则完全相反。

尽管很多学者对菲德勒的权变理论在理论上和方法学上都提出很多质疑，但毫无疑问，菲德勒是一位开拓者，他使领导力研究超越了纯粹特质或纯粹情境的研究视角。

(2) 路径-目标理论。在菲德勒的权变理论提出后，又有一批心理学家对其权变理论进行了修正和改进，提出了路径-目标理论（path-goal theory）（Evans, 1970; House, 1971; House and Dessler, 1974; House and Mitchell, 1974）。路径-目标理论认为，领导者的角色功能是创造和管理下属通向个体和团体目标的路径，澄清预期；当来自环境的奖励缺乏时，要对环境进行增补。俄亥俄州立大学研究所提出的关心和定规（以及成就定向的领导和参与式领导）的有效性被认为依赖于以下权变因素：① 下属特征（如独裁主义、关注点、能力）；② 环境特征（如任务、权力系统、工作团体）。当领导行为与情境十分匹配时，下属就会产生工作满意度，接受领导者，努力表现（House and Mitchell, 1974）。尽管有些学者建议，这个理论还需要进一步的完善和发展，但 Indvik(1986)的元分析研究极大地支持了这个理论的关键性命题。

(3) 领导和决策的规范模型和描述性模型。Vroom 和 Yetton(1973)提出了领导和决策的规范模型（normative models of decision making and leadership）。该模型描述了五个决策过程，从高度独裁，到咨询顾问，再到参与式的（如共识）决策。该模型也识别出了七个情境变量，这七个情境变量随着决策的不同而变化（如决策的重要性、对承诺的需要、目标调整、冲突的潜在性），这七个情境变量控制着绝大多数的恰当的行为反应。在一个特定情境下，当决策过程威胁着决策质量和/或决策执行时，从可行性集合（feasible set）

中忽略这个决策过程,就产生了描述性决策规则(decision rules)。如果可行性集合中还保留着多个过程,在对这些决策过程进行选择时,描述性规则就给予领导者以确定性,也许要使用机会成本(如时间),或下属的发展机会作为选择的额外标准。在绝大多数情况下,描述性模型采用了决策树的形式,把相关准则应用于一个特定决策情境。

为了提高规范效度,Vroom 和 Jago(1988)介绍了五个额外的情境因素(例如严格的时间限制),通过使用线性方程而不是决策规则增加规范的特定性(Vroom and Jago,1988)。随后,有研究者检验了 1988 年模型的增值效度(Brown and Finstuen,1993; Field,1998)。同时,Vroom(2000)也在关键变量的说明和模型规范的描述方法上做了进一步的变更。

3. 当前情境视角研究的主要结论

在一篇综述性文章中,Vroom 和 Jago(2007)对情境在领导力中的角色功能做了总结性阐述。他们认为,情境变量在领导过程中承担着三个具体的角色功能。

(1) 组织有效性(通常被当作组织领导的校标)主要受情境因素的影响,而不是受领导者的控制。组织绩效是多数人协作努力的结果,在一个组织中,影响组织有效性的因素有很多,有时很难识别出领导效应。

(2) 情境塑造着领导者的行为方式。任何人包括领导者都既受他们所处环境的影响,也受其稳定的心理特征的影响。不幸的是,领导特质研究却在很大程度上忽视了情境因素对领导行为的影响作用。

(3) 情境影响着领导者行为的后果。很多管理学书籍都充满了以下类似的格言:决策权下放,授权,工作扩大,相信员工,顾客至上等。所有这些格言都没有考虑到情境因素。很明显,行为必须符合每个特定情境的要求。在一个情境中非常有效的领导风格在另外一种情境中可能是完全无效的。

三、特质视角与情境视角的整合性研究趋势

随着领导力理论和实践的发展,很多学者越来越认识到,在建构领导理论时,应该采用一个更加整合性的视角(Avolio,2007)。在领导力研究领域中,尽管特质视角与情境视角的理论与研究仍呈竞争之势,但学者们对整合性模型或整合性研究趋势的呼声越来越高。毫无疑问,在领导力研究领域中,整合

第二章 领导力的特质视角与情境视角的理论

性模型的提出或整合性研究是未来研究的大趋势。

1. 关注特质与情境之间的交互作用

特质视角和情境视角的研究使学者们认识到,领导者特质或情境特征都不足以单独解释领导者行为及其有效性,只有凭借特质与情境之间的交互作用才能解释领导者行为和领导有效性。因此,如何建构特质与情境之间交互作用的整合模型是将来整合性研究的一个重要趋势。毫无疑问,交互作用的观点是完全合理的,因为这种观点承认了几十年来关于领导力的所有研究成果。但是,如何建构交互作用模型呢?大家普遍接受的一个策略是,充分利用和拓展一个权变模型(Avolio,2007)。也就是说,如果某些领导者特征 X 与某些结果测量 Y 之间的直接关系比较脆弱,或者在不同的背景中,这种关系量的大小或方向会发生变化,那么情境变量 Z 就是 X 和 Y 之间的调节变量。

但建构这样一个架构特质与情境之间交互作用的整合模型,存在着两个难题。第一,当研究要识别数量不断增加的潜在调节变量时,这个权变模型就变得相当复杂。虽然当前统计技术有了很大进展,各种复杂的统计方法层出不穷,但把一个复杂的理论模型变成一个统计模型在统计学上还是有很大难度。第二,关于领导力的一个权变模型越完整、越复杂,这个模型在理论上就越不简洁,在实践中也就用处越少。为此,著名学者 Hackman(2007)建议,为了解决这一问题,可以借鉴系统理论学家所提出的"殊途同归性"(equifinality)概念。所谓殊途同归性,是指一个开放系统能够通过很多不同的途径达成同一个结果。当把这种理论应用于领导力的研究时,殊途同归性是指领导者能够以他们各自的独特方式采取行为,并且还能够达成关键性的领导任务。不是试图让领导者们的行为或风格适合于某些权变性规则,相反,卓越的领导者知道他们所偏好的操作方式,他们知道自己能够很容易并很好完成所做之事以及难做之事。这一研究思路,可能会在领导力研究领域把心理学家从过度依赖固定特质或复杂的权变因素中解脱出来。尽管学者们还没有把殊途同归性原理应用于领导者行为所必需的探索性的理论研究或实证研究,但是这种努力无疑有助于我们在分析解释、研究和实践领导力方面取得较大进步。

2. 关注领导者与追随者之间的关系

很多学者认为传统的领导力研究在理论上存在很大不足,就是因为他们基本上把追随者排除在外。特质视角的研究基本上不关注追随者,情境视角的研究虽然考虑到了追随者,但是重视程度不够。因此,将来的整合性研究必须更加关注领导者与追随者之间的关系,尤其是要关注追随者在领导过程中的作用。领导-下属交换理论(leader-member exchange theory)(Graen and Uhl-Bien, 1995)认为,领导者与追随者之间交换关系的质量将会决定领导和结果的质量。Lord、Brown 和 Frieberg(1999)曾断言,对于理解领导过程,追随者还是一个未经开发的变异来源。Howell 和 Shamir(2005)认为,在领导关系之中,追随者也起着更加积极的作用,增加着领导者的权力,影响着领导者的行为,并最终决定着领导关系的结果。令人遗憾的是,绝大多数的领导力研究都把追随者看成是一个被动的或不存在的因素。就像 Bennis(2007)所注意到的那样,每个追随者,实际上也是潜在的领导者。Hackman(2007)认为,在某种程度上,领导与追随是紧密相连的,领导者与追随者之间的区别已经变得模糊。共享领导(shared leadership)的观念具有了一种新的意义,即共享领导不仅仅是一种合作关系,或下级参与决策,任何人只要履行了关键性的系统功能,或是安排任务完成,都是在展现领导力。因此,对于建构领导(力)的整合性模型而言,必须更加关注追随者,必须更加关注领导者与追随者之间的关系。

3. 整合性领导力理论建构:布鲁斯·阿沃利奥的探索

布鲁斯·阿沃利奥(Bruce J. Avolio)在文献综述的基础上,提出了构建更具整合性领导力理论的五个重要成分(Avolio, 2007)。

(1) 认知成分。所谓认知成分,是指领导者和追随者解释他们之间关系、角色、能力、动机、情绪、挑战和目标的方式。所有的行动或反应都必须经过领导者和追随者的内隐模型或认知分类图式-系统的过滤。反过来,行为和背景也被检验——通过信息被认知、分类、加工、解释和回忆的方式,行为和背景也得到塑造。

(2) 个体和团体行为。以前的很多领导力模型是建立在领导者个体层面的行为基础之上的。一方面,领导者个体层面上的行为依赖于追随者和团体水平上的背景,并且其效应也是变化的。另一方面,领导行为能够指向特定追随者,也能够指向追随者整个团体。

(3) 历史背景。由于早期的领导力研究关注的是导致领导成长的因素,因此历史背景的特征为不同领导定向的显现提供了机遇(例如在社会危机中魅力型领导者的显现)。历史背景会影响到何种类型的领导和追随被认可或不认可、有效或无效。

(4)近端背景。近端背景是领导者和追随者身在其中的环境,包括:工作或单位气氛、团体特征、任务特征和绩效领域。近端背景在时间上是最直接的,对于领导者和追随者以及二者之间关系的影响也是最直接的。在权变模型中,近端背景对于解释领导有效性而言居于中心地位。

(5)远端背景。远端背景由组织文化以及更加宽泛的社会-文化环境组成,包括:稳定性-动荡性、竞争者、创新的循环周期、国家事件以及文化等。领导者和追随者的解释、决策和行为,部分是以远端背景为基础的,部分是以先前他们所忽略而现在所回忆起来和重新解释的背景为基础。

4. 整合性领导力理论建构:罗伯特·斯滕伯格的探索

著名心理学家罗伯特·斯滕伯格(Robert J. Sternberg)采用系统观点对整合性领导力模型的建构进行了探索,并提出一个系统模型。Sternberg(2003)认为,一个系统模型把领导力看作是一个人对决策的阐述、制定和行动。根据系统模型的观点,他提出了领导力的 WICS 模型,即领导力的三个统合(synthesized)的关键性成分是:智慧(wisdom)、智力(intelligence)、创造力(creativity)。WICS 模型的基本观点是,上述三个成分的协调工作,就会造就一个有效的领导者。创造力产生想法,智力分析和执行想法,智慧保证这些想法代表共善。

WICS 的理论框架也涉及了领导特质,但这些特质应该被看作是可修正的、有弹性的,以及动态性的,而不是固定的、僵硬的和稳定的。因此,WICS 模型所讨论的人格特征被看作是可修正的,不可修正的"特质"这个术语不被使用。在一篇综合文章中,Sternberg(2007)还论述了 WICS 模型与 Zaccaro 等(2004)的领导力模型、密歇根大学和俄亥俄州立大学的研究,以及领导权变理论的关系。WICS 模型整合了特质、行为、情境等因素,无疑是对领导力理论整合模型的有益探索。

第三章
领导力的社会认同理论

领导力与群体及其过程有着密切的关系。领导者之所以能够在一个群体中获得领导地位以及对他人的影响力,是因为领导者不仅与追随者形成了一个共同体,即"我们",而且领导者成为"我们"这个群体的代表。这是社会认同理论提供的一个理解领导力的独特视角。

一、社会认同理论

社会认同是个体对群体成员身份的内化感,它是一个人对其所属的社会类别或群体的意识,即个体知晓他属于特定的社会群体,而且他所获得的群体资格会赋予其某种情感和价值意义(Hogg and Abrams, 1988)。社会认同巩固了人们作为某个群体(特定国家、特定民族、特定政治团体或职业群体)一部分的感觉,比如"我们中国人""我们共产党员""我们上海女性""我们阿里巴巴的员工""我们周杰伦的粉丝"等等。

社会认同是现代社会心理学的核心概念之一。要了解人的社会行为,就需要了解人们是如何建构自己和他人的认同的,认同往往涉及自我和他人,涉及内群体与外群体的界定和划分。有学者认为,人类在社会生活中有两种认同需要:一是通过寻找"我"和"我们"的差异来获得自我认同;二是通过寻找"我们"和"他们"的差异来获得社会认同(杨宜音,2002)。如果说自我认同关注的中心是"我",个体希望获得的是"独特性",那么社会认同关注的中心则是"我们",个体希望获得的是"一致性"。传统的社会心理学大多以人际互动为基础解释群体行为,关注的是"处于群体中的个体";社会认同理论的关注点则是放在了"处于个体中的群体",将个体与群体建立起主动的、心理的关系,这对解释群体行为有着非常重大的意义(王彦斌,2012)。

(一) 社会认同理论的起源

社会认同理论的历史并不长,其源头可以追溯到 Tajfel 从 1967 年开始围绕知觉的社会因素、种族主义的认知和社会信念、偏见与歧视等方面所做的研究。20 世纪 70 年代中后期,在英国布利斯托尔大学,Tajfel 和 Turner 等人展开了卓有成效的合作,使得社会认同理论得以发展、成型。到了 80 年代,随着研究者数量的不断增长,社会认同研究在理论和经验领域都取得了显著的进步,尤其是 Turner 在社会认同理论的基础上发展出的自我分类理论(self-categorization theory)。社会认同理论超越了之前在北美盛行的还原主义和个体主义的微观利益解释路径,基于行动者的多元群体资格来研究群体过程和群际关系。从社会认同理论来看,归属于某一群体在很大程度上是一种心理状态,意味着获得一种社会认同,共享某种集体表征。与社会认同相关联的心理过程生产明显的群体行为,比如群体内部的团结、对群体规范的遵从、对外群的歧视等等。

(二) 最简群体实验

社会认同理论的建立同 Tajfel 进行的一系列实验有关,其中最为著名的是"最简群体范式"(minimal-group paradigm)。Tajfel 和他的同事们通过创造一个微型的群体世界,有效地观察到群体的运作方式。在实验中,一些 14~15 岁的男孩观看了两位画家画作的幻灯片后,按照对画的偏好分为了两个小组(当然,分组实际上是完全随机的),然后让每个人完成资源分配任务,即将虚拟货币按照分配矩阵中的数字组合分发给另外两名男孩。结果发现,虽然被试者与同组成员互不相识,也没有实际的面对面的互动(这意味着不存在群体内的结构,群体间也没有任何过去与文化),他们还是分配给自己所在组的成员较多的资源(虚拟货币数字),表现出明显的内群体偏好。这一实验被重复了很多次,结果依旧。最简群体范式的实验研究结果显示,只要被试者单纯地知觉到分类时,就会分给自己的群体更多的资源和正向的评价。这种知觉上的分类,会让我们主观上知觉到自己与他人共属一个群体,从而产生一种认同感。由这样的认同所引起的给内群体成员较多的资源及正向评价的倾向,被称为内群体偏好;由认同缺乏而引起的给外群体成员较少的资源及负面评价的倾向,被称为外群体歧视(张莹端、佐斌,2006)。

同先前有关群际行为的研究相比,Tajfel 最为突出的贡献是指出了造成不同群体间冲突的因素不仅包括客观的物质资源,而且包括主观的认同差异(周晓虹,2008)。在此之前,对于群际行为的解释曾有过权威主义人格、挫折-侵犯假说、相对剥夺论、政治冲突理论等不同路径,20 世纪 60 年代 Sherif 发展出现实利益冲突理论,揭示了对客观资源的争夺造成的现实冲突对群体及群体间行为的影响;Tajfel 的实验则进一步揭示,对群体成员身份的意识是产生群体行为的最低条件,即便是将人们分配到一个简单的、无意义的类别中,也足以产生群体取向的知觉和行为。这切实说明主观的认同会产生客观的行为后果。

(三) 社会认同的心理过程

社会认同的产生经历了社会分类(social categorization)、社会比较(social comparison)、积极区分(positive distinctiveness)三个基本的心理过程。

1. 社会分类

在社会生活中,为了理解人或物,人们会进行分类,即把它们纳入不同的范畴或类别,这是社会的范畴化。1963 年,Tajfel 在实验中发现,当要求被试者判断不断变化的标为 A 的四根短线和标为 B 的四根长线的长度时,他们都倾向于夸大 A 和 B 之间的差异,这种被称为"增强效应"(accentuation effect)的现象同样出现在对社会刺激的知觉上。也就是说,在社会交往中,当某一类别的成员身份突显时,人们会主动地在重要维度上最小化同一类别中个体的差异,同时夸大不同类别个体之间的差异。之后,Turner 提出的"自我分类理论"进一步说明,人们确实会自动地将事物进行分门别类,将他人分类时会自动地区分内群体和外群体,而自我也将被纳入其中,赋予符合内群体的特征,这是一个自我定型的过程。这种心理上的认同或分类产生的结果是自我与其他内群体成员相似性的增强,以及与外群体成员差异性的增强,这也被称为自我刻板印象(self-stereotyping)过程、去人格化或人格解体(depersonalization)。通过这个过程,个体不再以个人的角度来看待自我,而是通过与组内其他成员共享的类别成员身份来看待自我,即根据共享的社会认同进行自我定义。通过自我分类,群体中的个体对群体产生认同并从中获得情感和价值体验,积极地使自己的行为符合群体规范以增强自尊、获得尊重,并且通过与其他群体进行比较来凸显所在群体的优势特征,由此可能引发外群体歧视。

2. 社会比较

社会心理学家 Festinger 认为,个体倾向于与他人进行比较来判断自己的观点和能力,特别是在没有可以参考的客观标准的时候。这种有关个体之间的"社会比较理论"被社会认同论者推向了群体。群体间的比较是群体成员获得认同的重要手段之一,而比较的维度通常具有极强的评价性。人们倾向于积极评价内群体的所有"刻板化"特质,即"我群中心主义"(Hogg,2011),同时用消极的特质来标定外群体。通过这种不对称的群体比较和评价,一个人的自我评价、自我价值与自尊能够获得提升,同时也会和那些与自己信仰及观点不一致的群体保持距离。当然,社会比较经常发生在与个体所属群体相似的群体之间,在权力、声望、社会地位等维度上进行比较,以此来获得所属群体的优势,同时获得更积极的社会认同。如果评估下来一个人的社会认同并不能令人满意,他就有可能离开其所属群体,或力图使隶属群体变得更好。

3. 积极区分

社会认同理论一直强调的一个重要假设就是,所有的行为不论是人际的还是群际的,都是由自我激励和自尊这一基本需要决定的。在社会认同水平上的自尊是以群体成员关系为中介的,因此,个体为了满足自尊或自我激励的需要会突出自己某方面的特长,使自己在群体比较的相关维度上表现得比外群体成员更为出色,这就是积极区分。如果所属群体的优势无法得到认同,或者劣势不能被否认,成员为了积极的自我形象可能采取社会流动(social mobility)或社会变迁(social change)的策略——它们是社会中有关群际关系的结构和本质的个体信念系统(Hogg,2011)。所谓社会流动,是指相信群体之间的边界是可渗透的,个体很容易从一个群体"穿越"(pass)进入另一个群体,当个体觉得自己所属群体不够优秀时,选择离开或进入支配群体。社会变迁是指当群体之间的界限分明、不可改变或难以渗透,个体无法摆脱难以获得自尊的群体资格时,诉诸提升所属群体社会地位的策略,包括:① 不改变现状,而是重新选择比较维度,让所属群体能够被积极评价,从而获得相对积极的社会认同;② 对传统的负面特质进行重新定义,如美国黑人在 20 世纪 60 年代喊出"黑即是美"的口号,从而对传统的刻板的消极评价进行再评价;

③ 选择另外的比较群体。无论是哪一种变迁策略,目的都是通过塑造低地位群体成员的积极社会认同从而提升其自我形象。

二、领导力的社会认同理论及其基本内容

社会认同理论关注群体间的关系和群体过程,特别是群体中认同的创造性作用以及行为的群际因素,比如群体团结、遵从或者集体行动等。认同是一种动力结构,它既能够适应长时期的群际关系的变化,也能够对应即刻间的互动背景。认同的核心认知过程是"去人格化",就是将自我看作是内群体原型的一种体现,从而不再是一个独特的个体,个体认同某一社会类别,就会以符合该类别的方式来行动。正是根植于上述观点,领导力的社会认同理论提出了领导力的根源在于领导者与追随者共享同一群体身份这一基本判断,并在此基础上对领导如何产生、如何提高领导的有效性,进行了深入细致的研究。

概言之,社会认同理论的以下四个要点对领导力的分析与研究产生了重要影响。其一,社会认同的核心概念"我们"的自我意识,可以从群体成员身份及其相关的意义中获得;其二,不同形式的群体间行为源于与其社会认同相关的规范和价值定义;其三,当某一社会认同突显①时,个人的价值体现于整个群体的命运和地位,而不是其个体的命运;其四,群体和群体过程的本质总是与社会环境相联系的,"我们是谁"的意义取决于与"他们"的比较,且社会认同会随着在特定环境下比较对象的不同而改变。

(一) 原型特征(prototypicality)及其影响

"原型"(prototype)是领导力的社会认同理论中一个非常重要的概念,指的是一种关于特征的模糊集合,是特定群体的一种认知表征,能够体现同一群体成员与其他群体成员在信仰、态度、行为和情感方面的各种差异。个体越认同自己所在群体,越看重群体成员资格,越容易将自我概念建立在群体原型基础上,进而表现出对群体原型特征的遵从或喜爱(Abrams and Hogg, 1990; Turner et al., 1987)。比如,将自己视为"保守派"的人(自我刻板印象),发现

---

① 突显指的是某种认同在某一情境下的激活状态。在突显条件下,个体的群体成员身份会影响到他的知觉与行动。认同被激活的群体情境特征包括长时段的结构因素与短时段的情境因素。

保守派尊重权威、重视传统,就会按照这一特征去思考、行事。群体原型决定着该群体的主要行为取向,并将该群体与其他外群体区分开来。被认为最具原型特征的人,也被认为是最好地表现出了该群体的行为特点,而他对那些相对而言较少具有原型特征的成员能够施加影响。这就使得群体中出现了"领导者"和"追随者"的角色分化。由此,群体原型特征成为影响各种领导认知的基础。对于领导者而言,其原型特征越强,也就意味着他与群体原型的匹配度越高,群体成员越可能将其视作群体规范的代表,从而接受其影响。一系列的实验室实验、情景模拟实验、问卷调查研究已表明领导原型特征对诸多领导有效性指标(如绩效、创造力、工作满意度、组织公民行为等)具有积极影响(Hains, Hogg and Duck, 1997; van Knippenberg and van Knippenberg, 2005; van Knippenberg & Embodying, 2011)。随着群体成员身份变得越来越重要,人们认为领导者所具备的群体原型特征达到的程度将决定他们对领导的认知和评价,决定领导有效性。

(二) 有效领导的四大原则

1. 成为"我们"中的一员

领导者的影响力从何而来?许多有关领导力的研究往往会通过定义一组稳定的品质或行为,将领导者及其追随者区分开来。但是社会认同理论的相关分析表明,未来领导者的首要目标不是展示自己的独特性,从而将自己与他人区分开来,而是应该强调他与所在群体成员的共性。

根据自我分类理论,处于不同类别中的个体身上都会体现出所隶属群体的共同特征,团队成员更喜欢表现出内群体典型特征的领导者,而不是表现出一般领导者特质的领导者。这并不是说个人魅力、公平、可信赖这些领导品质不重要,而是研究表明,如果这些品质在特定情境中确实预示着谁会成为(或者谁不会成为)领导者,那是因为这些品质正好是内群体的原型特征(Hogg, 2001; Hogg and Knippenberg, 2004)。换句话说,人们之所以能够影响和领导他人,是因为在某种程度上,他们被群体成员视为了"我们"的代表。具有原型特征的领导者不仅提高追随者对群体生活的整体满意度,而且提高对领导有效性的认知。因此,领导者一旦被视为内群体原型,那么即使他大刀阔斧地推进颇具争议的改革创新,群体成员也会给予他极大的宽容。

确认内群体的原型特征不是一个机械、被动的过程,并非领导者所处的特定情境恰巧赋予了他们原型特征。领导者是主动的,他们工作中的努力、表现出的能力和技巧使原型特征得以显现。比如,对立外群体的存在容易凸显领导者的原型特征,因此,激进的女权主义者会不断强调女性生活在一个由男权统治的世界,激进的环保主义者会让大家不断地想起高污染企业及其造成的恶果——这也是一种领导技能。要成为一名领导者,必须明白:不是为"我"或"他们"代言,而是要为"我们"代言。

2. 为"我们"奋斗

领导力取决于为集体所采取的行动,即领导者需要表达并推进群体规范和价值观。领导者不仅要"群有"(of the group),而且要"群享"(for the group),也就是为了"我们"的利益而奋斗,才能赢得追随者的支持,实现团队愿景。有人说,愿景是伟大领袖的标志,是理解领导力的关键,愿景像是聚集人们的熊熊篝火,提供光明、能量和温暖(Collins, 1998)。拥有愿景不代表能成为领导者,只有当愿景被他人接纳时,才会成为领导者,即领导者必须让他人拥有共同的愿景。什么是共享愿景的决定性因素?历史学家 Roberts 认为,这一问题处于历史与文明的核心(Roberts, 2003)。Nadler 和 Tushman (1990)对领导人预期表现的长期研究进行梳理后明确表示:要预言谁将成为伟大的领袖,谁又会成为失败者是非常困难的。在现实中,群体成员总是通过了解领导者以往的经历,尤其是做出的成绩,以及审视领导者提出的愿景本身来进行推断。领导者的想法是否契合群体价值取向,成为领导者能否被大家认可的关键。换句话说,如果一位领导者致力于推进"我们"的事业,而不是为了一己私利,那么大家会乐于追随他的远见卓识。借用前面篝火的比喻,领导者的行为和愿景吻合团队目标,就会出现"众人拾柴火焰高"的情景;如果愿景背离团队利益,那么篝火就可能会被大家浇灭。

因此,领导力不是一个机会的问题,也不是一个命运的问题,更不是一个人与生俱来的东西。领导者需要采取行动确保愿景被大家共享,需要根据群体认同调整行为,从而成为拥有主动权的行动者。

3. 定义"我们是谁"

社会认同关涉一个特定群体成员资格的价值和自我卷入程度,有助于个体形成持久的自我意识,影响着人们准备使用哪一特定的社会类别来定义自己。当个体强烈地认同某一群体时,更容易以一种与该群体的价值观、意识形态和文化相一致的方式来看待自己、解释外部世界。所以,领导者不仅仅是去适应群体认同,更重要的是创造认同,通过定义或者重新定义类别的边界来带领团队,达成目标。

社会认同的突显由人们当前所处情境和以往经验之间的相互作用决定。类别的定义受到现实的约束,但人们有自主权,在积极地构建认同。领导的任务是面向未来的,不论是维持现状还是实施变革。因此,分类不仅是对未来的设想,也是创造未来的工具。领导者通过类别定义,塑造类别成员的行为,动员、激励他们改造世界,让世界变得更符合他们的规范与价值观。

正因为社会类别定义拥有强大力量,领导艺术就体现在以恰当的方式告诉大家"我们是谁",并将自己塑造成为"我们是谁"和"我们想成为什么"的代言人(Reicher, Haslam and Hopkins, 2005; Reicher and Hopkins, 2001)。领导者创造并形塑了认同,而认同又创造、形塑了制度、组织和社会。无论一个群体多么渺小,一旦共享认同就会极具力量。伟大的领导者之所以如此受人尊敬,是因为他们证明了一个简单的事实:历史不是由拥有资源最多的群体或者拥有人数最多的群体创造的,而是由那些在领导者带领下齐心协力、战斗力非凡的群体所创造。认同正是群体能够凝聚的根源,因此对于领导者而言,认同是所有资源中最为重要的。

4. 带领"我们"积极行动

成功的领导者需要多种技能,如沟通能力、组织能力、社会洞察力等等。领导不仅是艺术家、指挥家、工程师,更为重要的是与追随者共享社会认同。领导者的愿景关涉"我们是谁""我们看重什么""我们的理想社会是什么样的"。领导所创造的结构和社会现实必须是群体认同的物化(Drury and Reicher, 2005)。领导的有效性不在于提出一个泛化的好概念,而是必须积极行动,实现他所代表的群体所看重的利益。如果没有创造出匹配愿景的行动与现实,领导力就会化为乌有。领导成功的秘诀就是努力实现梦想,完成使命,与追随者们建构一个新的世界,这个世界以大家共享的社会认同(领导者处于中心)为基础,并实现共享的认同。

(三) 认同领导的 3R(Reflecting/ Representing/ Realizing)模型

随着领导科学的发展,学者们已经提出了很多领导力模型,如服务型领导、真诚领导、变革型领导、伦理型领导等等,Haslam、Reicher 和 Platow (2011)提出了"认同领导的 3R 模型"(见图 3-1),总结了认同领导的三大要素。这是社会认同理论在领导力研究中的一大进步。

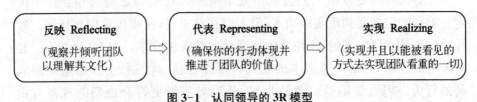

图 3-1　认同领导的 3R 模型

1. 认同领导的第一要素:反映

2009 年发表的一项历时研究成果,特别关注了群体发展过程中领导者是如何产生的(Peters and Haslam,2009)。研究样本有两个:大学入校新生和英国皇家海军陆战队新兵。研究结果表明,从一开始就把自己当作领导者的群体成员往往最终无法成为领导者。因为一开始就试图掌控他人,将自己与潜在的追随者区分开来的人,很难与其他群体成员建立联系并赢得认可。相反,最终成为领导者的通常一开始只把自己塑造成追随者的角色。他们倾听、观察、了解团队,并表达出成为优秀团队成员的兴趣。在适当的时候,正是这种适当的反映使他们成为群体利益的代表。

因此,领导力的第一要素与等待时机有关。不要急于获得权力,在说话之前,先学会倾听,在采取行动之前,先思考群体现状——尤其是群体认同的概貌。所谓耐心带来回报,领导者只有慢慢地深入了解了一个群体的发展历史与文化,准确理解所在群体的规范、理念、价值追求,关注群体成员,哪怕是细枝末节,才有可能被接纳,并成长为具有原型特征的核心人物。其中,识别和了解所在群体的符号与仪式是无法超越的重要过程。

2. 认同领导的第二要素:代表

这包括三个方面:其一,将自己当作群体原型。这关涉如何定义群体,如何定义自我,也关涉如何在群体与自我之间协调一致。亦即领导者的所有表现都必须以展示所代表群体为导向。理想化的领导者是为了群体利益而运用权力,而不是对权力本身充满欲望。古罗马的辛辛纳图斯(Cincinnatus)和美国的乔治·华盛顿(George Washington)备受推崇的原因之一,就在于他们完成了拯救国家于危难的使命之后,回归质朴(务农)。利用自己的地位谋取私利的人很快会丧失权威,因此领导者必须成为群体利益的坚定捍卫者。其二,深化并拓展群体认同。领导者通过不断开发政策、项目、建议来力证群体认同。领导本身及其行为要与群体信念、规范、价值、愿景相一致并努力成为它们的化身。之前提到的类别定义尤为重要。领导者在不同情境下对类别边界的确认、调整、拓展,可以深化群体认同,同时拓展群体认同。其三,关注所在组织、政党或运动的结构。领导者要成为认同的建构者,并在组织内部通过愿景的实现来获得追随者的承诺。

3. 认同领导的第三要素:实现

实现包括实现群体目标以及为群体创造一个能反映他们认同的新世界。有魅力的领导者往往动员能力很强,因为不仅他们自己表现出原型特征,他们的行为皆是群体认同的具象化。具体而言,领导魅力来源于他们对群体利益的促进,涵盖以下三种行为:领导者为群体利益而牺牲自我利益的行为、领导者以所属群体利益优先的行为(Platow, Hoar, Reid, Harley and Morrison, 1997)、领导者承诺为群体服务的行为(De Cremer and van Vugt, 2002)。这里的群体利益可能涉及物质,也可能是象征性的精神层面的东西,而领导所要做的就是帮助团队积累他们所看重的东西,并且与团队成员一起创造出一个符合团队价值观的新世界。只有让团队一起发挥作用,领导力才能蓬勃发展。

作为领导,有时候会无奈地发现:运气很重要,有时甚至是起着决定性的作用。突发事件往往是由领导者无法控制的因素引起的,这是锻炼也是检验领导能力的机会。Meindl 关于"领导的浪漫"的论述中曾指出,即使没有任何迹象表明领导曾经做过什么,成功也往往会归功于他们。因此,聪明的领导者会做很多事情让这一认知持续(Meindl, Ehrlich and Dukerich, 1985)。比如,他们可以引导解释的过程,使事件被看作群体价值观的一次胜利,即使是失败或者挫折也可以当作胜利来庆祝。这也是二战时英国在敦刻尔克的大撤退被当作民族神话的原因,当时首相丘吉尔(Churchill)著名的演讲将其解释为一种不可抑制的英国精神、勇气和决心,给了英国民众未来战争胜利的希望。因此,成功或者至少是对成功的感知,对领导者是至关重要的。但在此还需要避免所谓的"领导陷阱"——成功的领导者因为周边人的赞扬和吹捧而变得高高在上、狂妄自大,与团队成员日渐疏远。领导者要时刻牢记他们的成功来自团队成员的支持与努力。

三、应用与拓展

领导力的社会认同理论,在诸多概念上得到了拓展和应用。以下简单介绍其中的四个热点领域。

(一) 对群体的再思考

领导力的社会认同理论让我们重新思考群体是如何形成的,即人们为何加入特定群体。社会心理学的人际吸引理论认为人际吸引的机制(个体间的相互依存、个体间的相似性)带来了群体中成员的凝聚,社会交换理论认为社会资源的互惠将人们联结起来,社会比较理论认为相同态度个体间的吸引产生了群体。上述理论都可以归纳为"群体凝聚力模型"[1],它将群体特质还原为一种人际吸引过程,将群体形成的决定因素还原为人际关系的前提。然而当我们将满足需求、寻求亲和、确证自身态度和信念等作为人们为何加入群体的答案时,常常会遇到各种挑战:某人支持的球队总是输掉比赛,他为何依然是球队的铁杆粉丝?佛教徒有相似的信念,是因为他们是佛教徒,还是说他们之所以称为佛教徒是因为他们有相似的信念?为何群体规模的扩大一方面引起凝聚力的下降,而另一方面又带来了群体规范的影响增强,让群体更加像"群体"?那些被击败的群体为何凝聚力不仅没有受到影响,反而大大提升?

社会认同理论从社会认知的角度对社会群体的形成进行了重新定义,即拥有两个或两个以上的个体对于群体的社会身份认定。这两个个体之间可能并不存在相互吸引,也没有利益交换,但他们意识到了自己是一个社会类别中的成员,存在一种"集体意识"或者说"群体意识",构成了群体行为的心理基础。社会群体中的成员拥有"我们感""归属感",并用对群体的认同来理解群体内的其他成员。最简群体范式实验已经表明,仅仅是知觉到自己隶属于某

---

[1] 众多研究证明,群体凝聚力促进对群体规范的遵从,改善个体的精神状态和工作满意度,促进内群沟通,降低内群敌意,提升安全感和自我价值感。

个群体,就具有了心理群体形成的所有特征(组内偏好、利他、喜欢、信任等),而个人主义理论所认为的群体行为的基本要素(如相互依存、吸引力、相似性等)统统缺席。吸引、相似和信任这些因素似乎是群体形成的结果,而不是原因。

由此,领导者以促进个人利益为理由,要求人们参与群体行为并非最好的选择。个人利益通常不会鼓励人们去追求组织目标、去支持球队或者参军入伍。而且,即使承诺给予他们更大的个人回报,他们也不一定会做得更多或更好。领导要做的是成为最能体现群体原型特征的个体,定义群体目标,制定实现目标的策略和方法,仲裁内群分歧并维护群体和谐,群体失败时承担责任,群际交往中代表所属群体,成为群体认同的象征符号。当群体成员认同领导为最具原型特征的成员,自我分类机制会促使群体成员参照领导者来进行自我描述,从而也会促进群体成员(包括领导)之间的社会吸引。

(二) 关于公平

从领导有效性来理解,无论是分配公平、程序公平还是互动公平,对追随者的满意度、激励、合作和绩效都会产生影响。有研究发现,在很多场合,公平不仅会巩固领导者在群体中的地位,也会巩固领导者在社会上的地位(Kenny, Blascovich and Shaver, 1994)。然而,社会认同理论表明,有时领导者会因为公平而获得认可,有时会因为不公平而获得认可,尤其当这种不公平发生在群体间分配的时候。解决这一矛盾的方法,是尽量照顾到内群体,在内群体中保持公平(Tyler and Blader, 2000, 2003)。但是,也有研究发现,按照群体规范和价值观,领导偏袒内群有时会获得赞赏,有时会遭遇谴责(Posner and Figueiredo, 2005)。面对以上这些困境,领导者需要做的是按照群体自身的规范和价值取向来增进群体利益。领导者要带领好团队,就必须深入了解团队文化。

按照自我分类理论,领导者通常要在群体内部和群体之间采取不同的行动。他们往往通过表现出群体内公平和群体间偏袒而获得影响力。问题在于,现实世界的群体本身并非固定不变的。激进的女权主义者和温和的女权主义者是对立的双方,还是共同面对男权世界的同盟者?长久生活、工作在这个国家的人就是同胞,还是只有出生在这个国家并拥有国籍才是同胞?许多类似的辩论常常环绕着我们(Billig, 1996)。领导者不仅要在这些辩论中发挥作用(并由此形塑他们想要代表的群体),而且其对待人们的方式(无论是相同的还是不同的),都在划定类别界限方面起到关键作用。如果"我们"对待"他们"是公平的,那就意味着我们都是"一体"的。如果我们是不公平的,那就意味着我们处于不同的阵营。

总之,领导者的公平与不公平不仅反映了群体的存在,也创造了群体。因此,领导行动的范围——同时也是领导成功的基础——就延伸到对特定类别的形塑,这些类别是领导者寻求成为代表(原型)并致力于推进其利益的类别。

(三) 关于社会影响

社会认同的自我刻板印象过程(人格解体)告诉我们,当人们的自我意识被剥夺时,他们所关心的利益就是集体的利益,有时甚至会牺牲自我来促进共同的利益。人格解体对社会行为很重要,是因为社会认同是协调人们行动的基础,缺乏了认同,人们将无法参与到任何有意义的群体行动中,甚至于踢足球这样的团体活动也将无法进行。正是社会认同,而不是个人的吸引力,让个体在群体中行动。同一支球队的球员在赛场上互相帮助,不是因为他们是私人朋友,而是因为他们的行为是由共享的群体归属感所决定。这一点对于分析领导力至关重要。如果作为群体成员的自我分类是社会协作的必要基础,那么,作为指导和塑造这种协作的人(领导),也同样是他的必要基础。缺乏了共享的"我们"意识,就不可能实现领导或者追随。社会认同和人格解体使领导力成为可能。人格解体包括两个过程:其一是人们的自我刻板印象;其二是他们与所属群体的其他成员(内群体成员)共享相同的自我刻板印象。这两个因素构成了一个明确的社会影响模型,而领导力与施加影响的能力密切相关。

基于社会认同的影响和共识化过程,人们的独特观点转化为共识信念,使得群体整体与个体部分的总和有了质的差异。当这种共识与实现积极区分的动机相结合时,将激励团队成员为共同的目标服务,为他们提供一种集体信仰和集体自信。马丁·路德·金(Martin Luther King)的著名演讲《我有一个梦想》证明了这一点。他在演讲中呼吁美国同胞们不要再把自己看成拥有对立的不同身份的黑人和白人,而应该团结起来,代之以《独立宣言》中所宣告的、通过《美国宪法》得以实现的共同身份。正是通过塑造这种共同的美国身份,马丁·路德·金认为,"刺耳的争吵声"可以转化为"洋溢手足之情的美妙交响乐",通过这种重新划分,他们可以共同获得"从绝望之岭劈出一块希望之石的信念"。同样,肯尼迪(Kennedy)在其总统就职演说中曾问听众:"我们能不能建立一个包括东西南北的伟大的全球联盟来对抗这些敌人(暴政、贫困、疾病和战争),以确保全人类的生活更加丰富多彩?你们愿意参加这一历史性的努力吗?"这两篇演讲都围绕着一个关键点:世界的转变与认同的转变是密切相关的。正是对共享社会认同的新形式的锻造,推动了对新世界的集体锻造(Haslam,Reicher and Platow,2011)。源自共享社会认同的去个性化吸引正是群体凝聚力与合作的关键决定因素。共享社会认同的累积效应将一群完全不同的人转变成一股连贯的社会力量。相互的社会影响使人们对"什么是重要的"达成一致,并为同样的目标奋斗。共享的社会认同成为集体社会权力的基础。

(四) 关于权力

在传统模型中,领导者获得权力是因为拥有资源以及可以通过奖惩来控制他人,然而,以奖惩塑造行为的权力运作方式存在非常明显的局限性,成本高昂是一方面(需要持续的资源投入),有时还是无效的——"胡萝卜加大棒"能让人服从,但不能转变态度。社会认同理论认为,权力来自领导者的一种能力,即他们能够清晰地表达自己共享的群体认同,从而引导其他团队成员将愿景内化并付诸行动。与控制资源相关的能力在使用过程中会自我消耗和萎缩,而与控制认同相关的能力在使用过程中会自我补充和增长。传统的权力模型是不断地削减领导者和追随者之间的认同感,认同权力模型则是在两者之间不断地创建共识。

如何获得后一种形式的权力?简单地说,通过阐明群体认同的本质及其对环境中行动的影响,可以获得群体中的权力。群体成员本质上希望推进与其社会认同相关的规范和价值观。当涉及定义"我们是谁"以及"我们应该做什么"的时候,被认为是内群体成员的人处于优势地位。因此,团队成员更容易通过团队获得权力。有三种形式的证据支持这一论点。第一,外群体成员行使权力带来比内群体成员行使权力更消极的体验:它会被认为是更加不合理、更具惩罚性、更为病态的(Bruins, Ellemers and Gilder, 1999; Haslam, 2001)。当所做的决策对相关人员产生负面影响时,则更是如此。第二,我们个人体验到的他人对自己行使权力的方式非常不同,这与他人是内群体成员还是外群体成员有关(Dépret,1995;Fiske and Dépre,1996)。当一个人遇到来自另一个群体的人行使权力时,这种体验通常是负面的。它被看作一种强迫,感觉像是被干涉,它降低了一个人的控制感。但是,如果这种力量的行使来自内群体成员,则会带来更为积极的感受,甚至会让人振奋。更为特别的是,它并没有减损个体对自己命运掌控的感觉。第三,行使权力者不同带来的差异,延伸到我们回应权力时的行为(Subasić, Reynolds, Turner, Veenstra and Haslam, 2011)。实验研究表明,内群体成员越是行使他们的权力,我们就越是愿意合作(Ellemers, Rijswijk, Bruins and Gilder, 1997)。与之相比,外群体成员行使的权力越多,我们就越排斥与他们共事。因此,外群体成员施加的权力影响通常会引起抵抗,从而消耗能量和资源。内群体成员施加的权力影响则会激发我们的热情,从而创造能量和资源(Reynolds and Platow, 2003)。这也意味着,领导必须努力成为"我们",并通过行动不断地重塑"我们"。

第四章

变革型领导理论与领导-下属交换理论

本章介绍两种当代领导力理论：变革型领导理论（transformational leaders）与领导-下属交换理论（leader-member exchange theory，LMX）。它们是近30年来最受西方学术界关注的两种领导理论。Graen和Uhl-Bien按照研究侧重点的不同，将当代领导力理论分为行为（behavior）导向、关系（relationship）导向和下属（follower）导向三种类型（Graen and Uhl-Bien，1995）。按照这一分类，变革型领导理论是一种行为导向的领导力理论，强调领导者通过施加行为影响下属；领导-下属交换理论则是一种关系导向的领导理论，强调领导者通过塑造关系影响下属。现有研究多认为，这两种领导方式对个体、团队和组织有着积极的影响（Day，1997；Judge and Piccolo，2004）。

一、变革型领导理论

（一）变革型领导理论的来源

正如前几章所介绍，领导力理论经历了不同阶段的演进。早期领导力理论以领导者属性为关注重点，例如领导者特质理论。特质理论起源于20世纪初，主张领导者与生俱来的特质决定了他们是否成功。自20世纪四五十年代后，领导力理论的研究重点开始向领导者的行为转变，关注领导者与他人之间的互动。不可否认的是，这些理论具有一定的局限性——即使有些领导者可能表现出正确的特质和行为，他们也并不一定会成功。因此，自20世纪六七十年代起，权变理论开始兴起，主张不同情境适用不同的领导风格。到了20世纪80年代，变革型领导理论被提出，主张领导者通过语言、观念和行为等鼓舞下属。变革型领导理论突破了单一理论的局限，整合了之前传统的领导力理论,逐渐成为当代领导力理论的研究重点。

变革型领导的概念第一次较为系统的提出,是在 1978 年政治社会学家 Burns 出版的著作《领袖论》里。Burns 将传统的领导力理论与马斯洛的需求层次理论相结合,认为变革型领导者通过满足下属更高层次的需求,实现领导者与下属之间的相互激励和提升,最终实现组织目标(Burns,1978)。

1985 年,Bass 的《领导力与超越期望的绩效》一书出版,提出领导能够通过自身的领导能力,在领导与下属的互动过程中激发下属,帮助下属完成自我实现,使下属将个人利益升华为组织利益,进而采取对组织有益的行为(Bass,1985)。Bass 关于变革型领导理论的阐述,至今仍被奉为商业领导力的权威思想。

20 世纪以来,世界经济不断发展。在全球化背景下,对领导者的要求更高了,他们必须更有才能、更有远见、具有更高的道德标准和道德约束,才能满足下属、组织和其他利益相关者的需求。变革型领导理论的提出能够适应这一发展变化。因此,20 世纪以来,随着相关研究的不断增加,变革型领导理论在领导力研究领域逐渐成为一个重要的理论视角。

(二)变革型领导理论的内涵与结构

如上文所述,变革型领导的概念最早由 Burns 系统性提出,经 Bass 获得了发展。由于其包容性强且符合时代需求,因此成为当代领导力理论研究的一个重点。随着研究的不断深入,学者们对于变革型领导的内涵界定也不断发展。Burns 在 2012 年发表的研究认为,变革型领导是一个领导和下属共同参与、将彼此提高到超越彼此预期水平的过程(Burns,2012)。Bass 和 Riggio 在 2006 年的一项合作研究中主张,变革型领导是通过以下方式来帮助下属成长并发展为领导者的人:赋予他们权力以回应下属个人的需求,并调整下属个人、领导者、团队和更大组织的目标(Bass and Riggio,2006)。Robbins 的研究则主张,变革型领导者本身具有魅力特质,能对下属进行个性化关怀,并能对下属展开智能上和意愿上的激发,使下属愿意通过个人的努力和牺牲,实现团体目标(Robbins,2001)。总体上看,学者们对于变革型领导的概念界定比较一致,他们认为变革型领导是领导者和下属共同参与的过程,在这一过程中,领导者将价值追求赋予下属,实现下属个人、领导者、组织和团队的目标统一。已有研究已经证明,变革型领导对于每个组织和每个部门都至关重要。

尽管学者们对于变革型领导的概念界定实现了广泛的统一,但关于变革型领导的主要结构,仍存在一定分歧。Dobbs 提出了变革型领导者应当具备的五项关键技能:① 建立文化;② 改善企业精神;③ 交流问题和行动;④ 改变结果;⑤ 考察锻炼未来的变革型领导(Dobbs,2010)。Kotter 提到变革型领导是一个包含八个环节的过程,包括:① 建立紧迫感;② 建立指导联盟;③ 制定愿景和战略;④ 传达变革愿景;⑤ 赋予广大成员采取行动的权力;⑥ 取得短期胜利;⑦ 巩固收益并产生更多变化;⑧ 使文化中的新方法制度化(Kotter,2008)。这些结构的提出均有其合理性,但通常而言,Bass 的四重维度划分更受到学界的认可,广泛运用于相关的实证研究当中。Bass 提出的四个维度分别是:① 领导魅力;② 感召力;③ 智力激发;④ 个性化关怀(Bass,1995)。他在此基础上构建了一个变革型领导的测量问卷——"多因素领导力问卷"(multifactor leadership questionnaire,MLQ)。表 4-1 简要介绍了 Bass 的变革型领导四维结构及其内容。

表 4-1　Bass 的变革型领导四维结构及其内容

构成	内容
领导魅力(idealized influence,II)	领导者以令人钦佩的方式行事,使下属看到领导者的特质,赢得下属的信任和尊重
感召力(inspirational motivation,IM)	领导者的表达能激发下属的愿景和使命感,领导者在对下属工作提出挑战的同时提供价值追求
智力激发(intellectual stimulation,IS)	领导者激励下属努力创新,发挥创造力并尝试新的解决问题的方法
个性化关怀(individualized consideration,IC)	领导者对员工的工作和个人发展给予关爱和指导,以便下属可以激发出更高水平的潜力

注:本表由作者根据相关文献整理而成。

著名心理学家 Hofstede 曾经说过,作为一种社会影响过程,领导的现象在全世界普遍存在,但可能因为不同国家的文化而展示出不同的内涵和结构(Hofstede,2000)。目前,虽然 Bass 的变革型领导四维结构以及在此基础上建立的评价工具 MLQ 得到了学者们的普遍认可,但由于不同国家的不同文化情境可能会对变革型领导的内涵和结构进行不同的建构,导致 MLQ 的效度在一些国家的实证结果不够理想。Alimo-Metcalfe 等人结合英国的文化情境,重新界定了变革型领导的结构维度,并设计了与 MLQ 完全不同的测量问卷,以适应英国的领导文化(Alimo-Metcalfe,2001)。中国作为一个历史悠久的大国,更是具有自己独特的文化传统和领导思维,西方文化背景下诞生的变革型领导理论和测量工具并不一定适应中国国情。已有研究发现,MLQ 在中国的测量结果并不理想(李超平、时堪,2003)。

因此,中国学者对于变革型领导理论在中国情境下的内涵与结构也进行了一系列研究。李超平等人通过归纳法进行研究,认为在中国情境下,变革型领导包括四个维度的结构,分别是愿景激励、领导魅力、德行垂范和个性化关怀。与 Bass 的四维结构相比,这一研究在个性化关怀维度上,不仅强调对员工工作层面的关爱指导,还强调对员工生活层面的关心关注。另外,中国文化非常崇尚美德的表率作用,领导者应该以身作则,以德服人,通过美德影响下属,因此,"德行垂范"这一维度在中国情境下非常重要(李超平、时堪,2005)。这一结构的效度得到了相关研究的支持(李超平、孟慧、时堪,2006;王文贤,2007),被认为是变革型领导概念本土化的一个重要范例。

随后,田京参照李超平等人的研究方法,对变革型领导在中国情境下的结构进行了再一次研究分析,认为中国变革型领导包含九个维度,分别是德行素养、领导魅力、沟通远景、权变奖励、个性化发展、关心生活、鼓励创新、广开言路和人际和谐(田京,2009)。其中,增加的"广开言路""人际和谐"等维度符合中国情境,"鼓励创新"维度与 Bass 的"智力激发"维度内容较为接近,与李超平等人的研究存在一定程度的分歧。

孟慧等人在以往研究的基础上提出,中国的变革型领导是一个二阶四因素的结构,包括影响力、愿景激励、个性化关怀和智力激发,其中影响力包括"德行素养"和"领导魅力"两个子维度;愿景激励包括"愿景"与"认可"两个子维度;个性化关怀包括"发展关怀"和"生活关怀"两个子维度;智力激发包括"创新"和"纳谏"两个子维度(孟慧、宋继文、徐琳,2013)。这一结构划分兼容了西方理论与中国文化,是对中国情境下的变革型领导理论研究的有益探索。

(三) 变革型领导理论的影响效果

已有大量的实证研究显示,变革型领导往往与较低的离职率、较高的生产率、较低的员工压力和倦怠感以及较高的员工满意度正相关。换言之,变革型领导对于工作绩效、组织创新和员工满意度等都具有积极的影响。

1. 变革型领导与工作绩效

已有研究证明,变革型领导具有高水平的个人绩效,能够很好地提升下属以及整个组织的工作绩效(Judge,2004;Rowold,2007)。但变革型领导在不同情境下的有效程度不尽相同。变革型领导对于小型私营企业的影响要大于结构复杂的大型组织,当领导者能够与员工直接接触并决策时,对于工作绩效的提升效果最佳。同样,不同类型的变革型领导对于工作绩效的影响也不尽相同。一项研究将变革型领导的类型划分为更倾向于个体和更倾向于群体两种,前者更能促使下属开发自身能力,后者更注重群体目标及共享价值。倾向于个体的变革型领导会带来更高的个人绩效,而倾向于群体的变革型领导则与更高的群体绩效正相关(Wang and Howell,2010)。

2. 变革型领导与员工满意度

变革型领导对于员工满意度有显著的正向影响。变革型领导能够激发下属的愿景和使命感,提升员工的价值追求;能够激励下属努力创新,发挥创造力并尝试新的解决问题的方法;能够对下属在工作和个人发展上给予关爱和指导,激发下属更高水平的潜力;能够以令人钦佩的方式行事,使下属看到领导者的特质,赢得下属的信任和尊重。简言之,变革型领导能够通过领导魅力、感召力、智力激发和个性化关怀对员工满意度产生直接影响。已有研究证明,与变革型领导一起工作的员工,更能感受到组织承诺、授权和激励,具有更高的参与性和更少的负面行为,满意度更高(Bass and Riggo,2006;Griffith,2004;孟慧,2011)。

3. 变革型领导与员工创造性

上文已经提到,Bass 等人认为变革型领导的重要特征之一就是能够制造鼓励创新的氛围,激励下属努力创新,发挥创造力并尝试新的解决问题的方法。员工的创造性得以释放,进而促使组织的创新水平获得提升。变革型领导自身专业素质的高低会对组织创新产生不同程度的影响。有研究认为这种影响呈"U"字形关系,当领导者自身专业素养较低时,通常会授予研发团队较高程度的自主权,对下属的创新过程不会过多干预;当领导者自身专业素养较高时,则会带领团队发掘符合组织创新的愿景,个人魅力也会得到下属的认同,这两种情况都有利于激发员工的创造性,促进组织创新。而当领导者自身专业素养中等时,则更可能引导下属的想法,干涉创新过程,限制下属的创新自由度,影响员工的创造性和组织创新(Eisenbeiss and Boerne, 2010)。

(四)变革型领导理论的研究展望

如前所述,变革型领导理论是当代领导力的研究热点,取得了较为丰富的研究成果。未来,对于中国的变革型领导理论研究而言,应更加关注以下三个方面。

第一,概念的本土化。上文已经提到,已有研究证明,领导现象会随不同国家的文化而展示不同的内涵和结构。实际上,中国学者对于变革型领导理论在中国情境下的内涵与结构已经进行了一系列研究。不过,早期许多学者对于变革型理论在中国情境下的讨论往往直接移植西方的结构模型,对于变革型理论概念的本土化研究起步较晚,仍有很大的研究空间。

第二,情境的多样化。在不同的情境下,变革型领导的有效性也不尽相同。一些情境变量,包括政策环境、目标战略、组织管理等等,都会对变革型领导理论的影响效果产生作用。已有研究往往收集的是企业层面的领导者和员工的数据,其他类型组织的样本较少,研究也不够丰富;即使是企业,由于中国国情迥异于西方,可以进一步将国企的情境和民企的情境分别讨论,对于中国不断推进的国有企业改革无疑具有重要的参考价值;同时,未来的研究也应该尽可能丰富对变革型领导理论中情境因素的考量,探讨不同情境下变革型领导的不同演化过程。

第三,层次的差异化。当前,多层次分析(multilevel analysis)正在领导科学研究中兴起,该视角的研究认为领导行为不仅针对个体,也针对整个团队;既有"个体性"行为,也有"团队性"行为。通过多层次研究可以更好地保障研究的效度。以往研究往往将视角放在"个体性"行为层面,分析下属个体对变革型领导行为的态度和感受。未来的研究重点应该将"个体性"行为和"团队性"行为结合起来,研究变革型领导对于个体和整个团队绩效等方面的影响,拓宽变革型领导理论的应用边界。

二、领导-下属交换理论

(一)领导-下属交换理论的来源

领导-下属交换理论与变革型领导理论同为当代领导力理论的研究热点,

诞生的时间也比较接近,最早由 Graen 和 Dansereau 等人在 1972 年首次提出。在此之前,领导力理论的研究对象主要是领导者本身,不管是对领导特质、领导行为还是领导情境等方面的探讨,几乎都默认一个前提假设,即:领导者与所有下属之间都存在同样的交换关系。但实际并非如此。在领导实践中,领导者与不同下属间的关系往往会有亲疏远近的差别。

研究者认为,这种亲疏远近的差别化关系来源于角色形成的过程,这也是 Garen 等人最初推演的理论基础。Garen 和 Uhl-Bien 等人提出,新员工在组织实践的过程中必须经历一个周期,包括角色发现(role-finding)、角色扮演(role-making)和角色实现(role-implementation)等三个阶段(Graen and Uhl-Bien, 1995)。最初,领导和下属在交换关系中是陌生人,没有互惠关系,只有契约下的互动,这种早期阶段的关系被视为"低质量关系"。随后,领导与下属之间会进行互动和彼此试探,领导通过向下属发布任务等行为来评价和检验下属,下属的应对则决定了其是否能获得领导的信任。如果最后领导和下属进入了具备忠诚、支持和信赖的成熟阶段,两者之间便形成了"高质量关系";如果下属在角色形成的三个阶段中没有积极回应领导,两者则会退回"低质量关系"。

社会交换理论(theory of social exchange)也为领导-下属交换理论奠定了坚实的理论基础。社会交换理论认为,人与人之间的互动基本上是一种互惠的交换过程,这种交换包括情感、报酬、资源等等。Liden 等人基于社会交换理论提出,当领导和下属之间一方给予另一方帮助,另一方也会进行回报,在这一过程中,双方将加深对彼此的信任,领导和下属之间的关系也将从"契约性交换"向"社会性交换"转变,其差别在于交换内容是否在雇佣合同范围之内(Liden and Graen, 1980)。换言之,当领导和下属建立彼此信任的"高质量关系"时,彼此将提供超出工作范围之外的互助互惠行为。

不过,领导和下属间的互助互惠行为未必是同一属性的,也未必是等值的,更未必是即时性的,这就关联到领导-下属交换理论另一个重要的理论基石,即互惠理论。互惠理论认为,应尽量以类似的行为来回报他人的帮助,但高质量关系下的领导和下属间的互助互惠行为通常是普遍性的,并不要求即刻时的、等值的、同属性的回报(Lidenand and Sparrowe, 1997)。

(二)领导-下属交换理论的内涵与结构

Graen 等人的研究认为,在领导与下属的互动过程中,出于时间、精力和资源的考量,会对下属进行划分,形成"圈内人"(in-group)和"圈外人"(out-group)(Graen,1995)。相较于"圈外人","圈内人"更受领导的信任,也更容易得到关照。同时,出于互惠原则,"圈内人"也会付出更多,承担契约以外的任务。领导者与"圈内人"建立的即是上文提及的"高质量关系",与"圈外人"建立的则是"低质量关系"。已有研究表明,对于"圈内人"的选择虽然往往是由领导做决定,但下属的特质会起到非常重要的影响作用。领导更倾向于选择那些在性格、态度等各方面与自己相似,或较之"圈外人"能力更强的人成为"圈内人"(Duchon,1986;Liden,Wayne and Stilwell,2003)。

虽然领导-下属交换理论的基本内涵较为清晰,但关于其结构问题至今还存在分歧,不同的学者对于领导和下属间的交换关系有着不同的理解,也产生了不同的研究结果。简单来说,对于领导-下属交换理论的结构划分大致有两种:一种是单维度结构,另一种是多维度结构。

以 Graen 为代表的一些学者认为,领导-下属交换理论是一种单维度结构,是从"低质量关系"到"高质量关系"的连续体,应观察交换关系的整体质量(Graen,1982;Graen and Scandura,1987)。基于单维度结构的假设,Graen 等人开发了现今广泛使用、领导-下属交换理论的测量工具之一——LMX-7 量表(Graen and Uhl-Bien,1995)。

另一些学者则认为,领导-下属交换理论是一个多维度结构。Dienesch 和 Liden 将领导-下属交换理论的结构维度划分为贡献(contribution)、忠诚(loyalty)和情感影响(mutual affect)(Dienesch and Liden,1986)。但这一划分被提出了质疑,一些学者认为这三个维度之间具有很高的相关性,应该合并为单维度进行测量。Liden 和 Parsons 随后对这一质疑给予了回应。他们认为这三个维度发生的时间顺序不同,譬如"情感影响"因素可能在交换关系之初就发生作用,但"忠诚"因素则需要长时间的培养(Liden and Parsons,1989)。在后续的研究中,Liden 和 Maslyn 又在之前三个维度的基础上增加了第四个维度——专业尊敬(professional respect),并根据这一四维结构开发了另一个现今被广泛使用的领导-下属交换理论测量工具——LMX-MDM 量表(multiple dimensional measurement)(Liden and Maslyn,1998)。

正如上文变革型理论中所提及的那样,不同国家文化对领导理论的建构,极有可能导致这一理论在不同文化情境下的组织实践中水土不服。东西方文化具有显著差异,中国情境下的人际关系更与西方不同,领导与下属的交换关系也必然与西方有着巨大的差异。Hofstede 曾经提出了文化差异的五个维度,分别是:权力距离、不确定性规避、个人主义/集体主义、男性化/女性化、短期取向/长期取向(Hofstede,2001)。其中,中国文化具有典型的高权力距离和垂直-集体主义的特征,西方文化则相反,往往体现的是低权力距离和水平-个人主义的特征(王震,2012;葛靓,2017)。个体主义强调个人与自身价值,低权力距离强调人际平等关系;集体主义强调组织与共同价值,高权力距离强调尊重权威、尊卑有别,人际并不对等。因此,中国学者围绕领导-下属交换理论在中国情境下的内涵与结构进行了一系列实证研究和补充完善。

中国学者的研究大致分为两种:一种是直接移植西方的成熟量表进行实证验证(王辉,2004;陈同扬,2013);另一种则认为在不同文化背景下,西方更注重"交换",中国更注重"关系",试图在 LMX 理论的基础上,结合中国的"关系"概念,开发本土化模型。一些学者开发了"领导-下属关系(SSG 或 LMG)"模型,认为 LMX 的交换仅停留在工作层面,而 SSG 或 LMG 则更强调包括社交、聚会等工作外的交换关系(Law,2000;Chen and Tjosvold,2006;Cheung,Wu,Chan and Wong,2009)。任真等人在 SSG 和 LMG 的设计基础上,开发了 LMR(leader-member relationships)模型,通过研究发现,在中国文化背景下,领导-下属关系是一个双视角、二阶四因素的结构。二阶是领导与下属之间的积极关系与消极关系,四因素分别是"关心支持""忠诚贡献""控制划派"和"抵触反对"等。这些研究都是中国学者对于领导-下属交换理论本土化的不断尝试,扩展了领导-下属交换理论的应用边界。

(三)领导-下属交换理论的影响效果

大量的实证研究显示,领导-下属交换理论对个人和组织都会产生较为显著的影响,对于领导-下属交换理论的研究有助于更深入地理解领导现象。

1. 领导-下属交换理论与工作绩效

研究表明,高质量关系下,下属一方面能获得心理契约的实现(Henderson,2008),认为领导所代表的组织能够给予承诺,另一方面会具备积极的自我意识、优越感和自我效能(Hu and Liden,2013),这些都会激励下属更好地为组织做出贡献。另外,领导-下属交换理论与工作绩效、离职率以及下属能力之间存在着显著的相关性(Allinson, Armstrong and Hayes, 2001)。之前有研究通过计算得出,一个高科技企业的中层领导者的重置成本大约为 4 万美元(Hollenbeck,2009),但通过建立高质量的 LMX 关系,能够有效降低其离职率,对于组织绩效的提升具有直接的影响作用。

2. 领导-下属交换理论与员工满意度

上文已经提到,领导-下属交换理论的一个重要的理论基石就是社会交换理论,重点关注领导和下属间的互惠交换。相较于与领导建立"低质量关系"的"圈外人"下属,与领导建立"高质量关系"的"圈内人"下属更受领导的信任,也更容易得到包括资源、信任、机会等方面的帮助和关照,因此会具有更高的满意度(Schriesheim, 1998)。换言之,领导-下属交换理论与员工满意度之间有着显著的正相关关系。

3. 领导-下属交换理论与员工创造性

大量的实证研究表明,高质量的领导-下属交换关系对员工的创造性具有正向影响。之所以会产生正向影响,首先是由于"高质量关系"下,下属往往会获得更好的资源供给和更有力的支持(Scott and Bruce, 1994);其次,"高质量关系"下的强自我效能感也会对下属的创造性产生激励作用(Liao, 2010);再次,与领导建立"高质量关系"的下属更愿意积极地投身工作,为组织做贡献,也会在一定程度上促进员工创造性(Agarwal, 2012)。另外,一些学者围绕心理授权、预期的绩效结果、信息共享等因素,对 LMX 与员工创造性之间的显著正相关关系进行了不同视角的解读。

(四) 领导-下属交换理论的研究展望

作为当代领导力研究的热点之一,领导-下属交换理论受到了大量关注,也已经有了较为丰硕的研究成果,但是相关研究仍存在一些不足,亟待进一步考察和完善。

第一,关注领导-下属交换理论的领导端。领导-下属交换理论实际上是一种双向互动关系,无论领导对下属的信任,抑或下属对领导的忠诚,都是如此。已有研究往往将侧重点放在下属的获得上,而极少考量领导在交换过程中的获得——领导在交换过程中会受到怎样的影响,包括工作绩效、领导有效性、工作满意度、职业发展等在内的种种方面是否会获得相应的提升,这些都应当纳入领导-下属交换理论未来的研究范畴。

第二,关注领导-下属交换理论的完整系统。对于领导与下属间的互动关系研究,不应局限于领导与下属两个上下端,而应当将研究视角置于更为完整的动态资源交换循环路径中,更加系统化地展示领导与下属之间的交换过程。同时,在未来对领导-下属交换理论的动态交换系统进行研究的过程中,可以关注两个维度的研究:一是领导与下属间对彼此关系的感知是否一致,如果不一致会对领导与下属产生怎样的影响;二是领导与下属在不同阶段的交换资源是否不同,这种不同是否可以评估和预测领导-下属交换理论的质量。

第三,关注领导-下属交换理论的本土化研究。上文已经提到,中国学者围绕领导-下属交换理论在中国情境下的内涵与结构进行了一系列实证研究和补充完善。这些研究大致分为两种:一种是直接移植西方的成熟量表进行实证验证;另一种则试图在LMX理论的基础上,结合中国的"关系"概念,开发本土化模型。后一种研究是学术界更加鼓励和推崇的。但实际上,这类研究最早是我国港台地区的学者参与较多,大陆学者起步较晚,对于开发本土化模型的研究相对较少,仍然有很大的完善空间。

第五章
领导行为复杂性理论

关于领导的定义及其理论纷繁复杂,绝大多数学者的观点可以分为三种研究视角:特质视角、行为视角和权变视角。这些视角的理论和研究都在一定程度上揭示了领导的本质所在。但最近几十年来,很多学者越来越认识到,悖论、矛盾性和复杂性可能更是领导的本质,这种"悖论"视角已经开始影响到这个主题的研究(Denison,Hooijberg and Quinn,1995)。这种视角意味着,有效的领导者是这样一些人,他们具有在环境中对悖论、矛盾性和复杂性进行认知和反应的能力。

一、领导行为复杂性研究的起源

1. 从认知复杂性到行为复杂性

著名学者 Bass 可能是比较早地认识到领导的悖论本质的学者。Bass(1960)认为,领导者或管理者必须同时关注整合和区分,必须同时关注任务和人际关系。领导行为复杂性也源自学者们关于认知复杂性的研究。

在组织行为学领域,很多学者都讨论过认知复杂性(cognitive complexity)这个概念,并认为,认知复杂性是有效性领导的一个必要条件(Streufert and Swezey,1986;Jacques,1986)。Hooijberg 和 Quinn(1992)认为,有效性领导的充分条件应该是行为复杂性(behavioral complexity),也就是说,有效性领导必须具有接受和承担多种矛盾角色的能力。

所谓行为复杂性,就是一个个体能够表现出广泛的、一系列的不同行为。组织是动态的,也是复杂的,领导者必须能够应对各色人物和事情。行为复杂性使一个人能够充当很多种角色,做出各种不同的甚至是竞争性的行为。因此,在一个组织中,具有行为复杂性的领导者是一个能够"充当多种角色和展示多种行为"的人。另外，虽然行为复杂性是指能行使相反或相对的行为之能力，然而与此同时仍旧能维持某种程度的诚信、可靠性及目的性。Hunt(2004)提出"管理性领导"(managerial leadership)这个概念来描述领导者的这种矛盾角色，因为这种行为复杂性是与管理和领导两种角色相关的综合性行为。

2. 领导行为复杂性的内涵

行为复杂性可以分为两个层面，即行为戏目(behavioral repertoire)和行为分化(behavioral differentiation)。行为戏目是指能够捕捉到的一个能够表现出来的行为，而行为分化是指当情境需要时，领导者应用这些行为的能力(Hooijberg,1996)。

行为复杂性也与Bass(1981)等人针对有效领导提出的"更多事情"(more of everything)的理念密切相关。Bass(1981)等人强调，有效的领导者在履行工作职责时，需要从宽泛的行为戏目中获取各种行为，较大的行为反应库为领导者提供了一个在面临复杂和非预期要求时做出最好行为表现的基础。

行为复杂性这个概念与悖论和自相矛盾等概念直接相关。复杂性意味着能够对模糊情境和自相矛盾的情境进行恰当反应。随着领导者的社交网络的扩大和细化，潜在的悖论和矛盾也在扩大和细化。领导者的行为戏目的宽度和深度就变成领导者的胜任力。有效的领导者必须既散漫又紧张，既具有创造性又例行公事，既正式又不正式。因此，行为复杂性这个概念既包含行为戏目的理念，又包含悖论和矛盾的理念。

行为复杂性这个概念与必要的多样性(requisite variety)的理念也是相容的。行为复杂性和必要的多样性都会产生一个有效领导的简单定义，即有效领导能够承担多重角色和完成多种行为。如果环境中存在着悖论，那么就必然在领导行为中反映出来。因此，一个能够承担多重角色，具有多种技能戏目、行为组合的领导者将会适合于一个复杂的，通常又是模糊的、不确定的组织和环境。

二、竞值框架理论

领导行为复杂性这个概念提出以后，如何描述领导者的行为，以及深刻揭示和阐述领导行为的复杂性就成为学者们必须面临的一个重要问题。最初，有些学者曾尝试根据行为复杂性或角色组合来对领导进行定义(Mintzberg

1973，1975；Yukl 1981；Bass，1981）。但这些学者们都没有发展出一个理论框架来更好地阐述领导行为复杂性的本质。后来，著名学者 Quinn 以组织科学中的竞值框架为理论基础，对领导行为复杂性这一概念进行深刻阐述，并使之更加理论化。

1. 竞值框架理论介绍

最初，竞值框架理论（competing values framework，CVF）是学者们用来评价组织有效性的理论架构，但是后来也被广泛用于其他的组织学方面的研究，例如组织文化、领导风格和领导有效性、组织发展、人力资源发展和生活质量等方面的研究。

以一部分组织专家所提供的数据为基础，Quinn 和 Rohrbaugh（1983）采用多维尺度方法揭示了组织有效性的基本价值维度。组织有效性的空间模型描述了三个高级的价值连续体：弹性-控制（F/C），内部-外部（I/E），手段-目的（M/E）。Quinn（1988）认为，其中弹性-控制（F/C）、内部-外部（I/E）就足以描述组织有效性的结构。弹性-控制（F/C）连续体代表着组织处理内部过程，同时又满足竞争、适应和成长等外部挑战的途径。内部-外部（I/E）代表着组织如何管理来自环境的变革要求，同时又要保持组织的连续性。当把这两个高级维度组合起来时，就产生了四个象限（见图 5-1）。

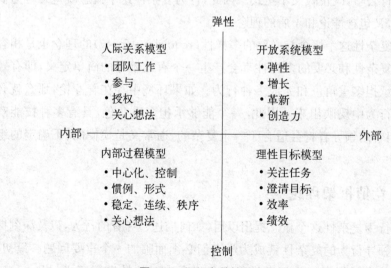

图 5-1　组织有效性的竞值框架

在组织有效性的竞值框架中,这四个维度代表着指导组织外部环境管理和内部整合的潜在的价值观。这些维度并不是相互排斥的,每个组织在一定程度上都要表现出这四种价值观,当然,绝大多数组织更加强调其中某些价值观。例如,强调信任和归属感的组织在人际关系象限上占优势。这种组织的领导风格强调团队工作、参与、授权,以及关心员工的想法。强调对外部环境适应的组织倾向于在开放系统的维度上占优势。这种组织的领导者支持弹性、增长、革新和创造力。强调效率、绩效、任务关注以及目标澄清的组织倾向于在理性目标维度上占优势。这种组织的领导者看重任务关注和目标澄清,因为他们相信,这些价值观支持效率和生产力。最后,内部过程组织强调惯例、集中、控制、稳定、连续和秩序等。在这种组织中,遵守规则的员工会获得奖励,领导者会关注工作,并相信惯例和形式会导致稳定、秩序和连续性。

2. 基于竞值框架的领导行为复杂性理论

有些学者曾尝试着根据行为复杂性或角色组合来定义领导(Mintzberg,1973,1975;Yukl,1981;Bass,1981)。例如,Mintzberg 在管理者行为研究中描述了领导功能,Yukl(1981)以自己的研究和文献综述为基础提出了 19 个类别的领导者行为。然而,这些学者都没有发展出一个理论框架或中心概念来阐明这些问题。

Quinn(1984,1988)以竞值框架(CVF)和相关的领导角色研究文献为基础,提出了包含八个领导角色的用于阐述领导悖论、矛盾性和复杂性的领导理论框架。这八个角色呈现在以两个潜在维度(稳定性和弹性、内部关注和外部关注)为基础的一个环形模式之中。该领导角色模型如图 5-2 所示。当把这个基于竞值框架的组织有效性模型用于描述领导行为复杂性时,该模型就变成了领导角色模型或领导行为复杂性模型。

Quinn 的领导角色模型认为,根据传统的观点,价值连续体的两端是不相容的、自相矛盾的,领导者协调两端的能力是较高的领导力发展水平的特征。为了与该模型强调行为复杂性和把领导看成是能力组合的特征相一致,模型中的八个角色根据需要完成每个角色的一组技能进行定义。

在四个象限的每个象限之中,定义了两个领导角色。右上角的象限与开放系统理论以及对组织外部环境适应相联系,定义了两个领导角色。

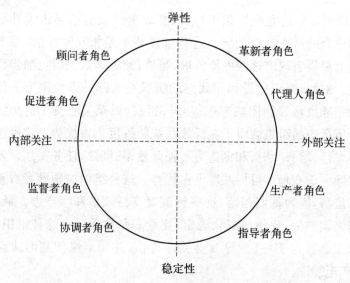

图 5-2 Quinn 的基于 CVF 框架的领导角色模型

革新者角色(innovator role)：革新者具有创造性,展望、鼓励和促进变革。

代理人角色(broker role)：代理人具有政治上的机敏性。代理人通过发展、审视和保持外部联系网络争取资源,保持组织的外部合法性。

右下角的象限,被称为理性目标模型,存在两个领导角色。这些角色强调对组织外部目标的追求,以及领导者在定义和激励这些目标达成中的作用。

生产者角色(producer role)：生产者是任务定向,关注工作。生产者寻求激励那些能够导致组织任务完成的行为。

指导者角色(director role)：指导者致力于目标设定和角色澄清,设定目标,以及建立清晰的预期。

左下角象限是内部过程模型,强调内部控制和稳定性。在这个象限中有两个领导角色。

协调者角色(coordinator role)：协调者保持结构,制订计划、进行协调、解决问题,并检查规则和标准是否得到执行。

监督者角色(monitor role)：监督者收集处理信息,检查绩效,提供连续感和稳定感。

左上角象限指的是人际关系,强调人际互动和人际过程。在这个象限有两个领导角色。

促进者角色(facilitator role):促进者鼓励意见表达,寻求一致,以及谈判妥协。

顾问角色(mentor role):顾问能够觉察个体需求,积极倾听,公平待人,支持合理要求,并尝试促进个体发展。

Quinn模型的启发是,能够承担一定程度上具有悖论和矛盾性角色的行为戏目和能力的领导者将会是最为有效的。该领导模型的逻辑是,按照以下方式对包含领导任务的一组角色进行定义,这些角色捕捉到了内部整合和外部适应,以及稳定性和弹性等同时性需求的内在冲突和矛盾。当然,这些角色可能并不能够在任何水平上都呈现出悖论,但它们确实呈现出了管理性领导的冲突需求的某些方面:监督和控制的需求与革新适应相冲突,个人生产力通常与顾问和组织发展相冲突,因此,此模型对有效领导者的定义不是既做一个监督者,又做一个指导者,还要做一个革新者,而是同时完成所有这些角色。关于CFV最近的研究中,Cameron、Quinn、DeGraff和Thakor(2006)给四个象限赋予了简单的标签,以便使这个框架能够从组织层面应用于个体层面。理性目标模型现在被称为"竞争",内部过程被称为"控制",人力资源被称为"合作",开放机制被称为"创新"。

Quinn的基于竞值框架(CVF)的领导行为复杂性理论对于理解领导有效性有很多优势。该理论把组织理论与角色理论结合起来。在组织层面上,行为复杂性理论能够捕捉到组织中存在的基本矛盾性和张力;在领导者个体层面上,行为复杂性理论确信领导有效性必须满足竞争性角色的要求。能够表现出行为复杂性的领导者更能够满足组织的多重的、竞争性的要求,从而其领导更加有效。大量实证研究表明,能够平衡竞争性角色的领导者,他们的领导有效性以及其他绩效测量的评价也会更高(Denison, Hooijberg and Quinn, 1995; Hart and Quinn, 1993; Hooijberg, 1996),而且,他们还能够保持行为的诚实性和可信性(Cameron et al., 2006)。Weick(2003)也发现,具有行为复杂性的领导者,其适应性更好。最近的一些研究也表明,行为复杂性对自我管理的团队的绩效具有明显的积极影响作用。

三、领导行为复杂性的测评工具

基于竞值框架(CVF)的领导行为复杂性理论提出以后,如何测量领导行为复杂性,以及对领导行为复杂性的理论结构进行验证就成为研究们非常关注的一个问题。

Hart 和 Quinn(1993)所开发的测量工具每个象限仅有一个因素,每个因素仅有三个或四个项目,这个工具仅仅提供了对领导行为复杂行的非常有限的测量。Denison、Hooijberg 和 Quinn(1995)所开发的测量工具对上面提到的测量工具进行了细化,在理论上每个象限设定了两个因素,总共八个因素,即共有八个分量表,但该测量工具的每个分量表仅有两个项目。由于该测量工具中每个潜变量的测量项目很少,很难从唯一性方差中分离出随机测量误差,因此,使用该测量工具的所有实证研究毫无例外地都很难对基于竞值框架(CVF)的领导模型提供有效验证和支持。

从理论上讲,Quinn 的基于 CVF 的领导角色模型是一个"空间"模型,即它有两个独立的双极维度。如图 5-2 所示,这八个角色由两个独立的潜在维度所划分,并且这八个角色之间存在着特定关系。在这两个维度内,这些角色表现出"环形"(circumplex)形式,某些成对角色(如监督者和协调者)的关系应该比较密切,而其他成对角色(如顾问与生产者)之间的关系就应该不会很密切;相反的角色之间应该存在矛盾,相邻的角色之间应该具有一定相似性。例如,擅长顾问角色的领导者在他们的行为组合中也有促进者所具有的技能,但作为一个指导者或生产者的可能性就比较小。

鉴于上述两个测量工具所存在的问题,并为了更好地验证基于 CVF 的领导模型的环形结构,Lawrence、Lenk 和 Quinn(2009)开发了一个新的测量工具。该研究从访谈开始,然后采用探索性因素分析(EFA)和验证性因素分析(CFA)等统计方法对数据进行分析,最后得出来一个一阶四因素二阶十二因素三十六个项目的测量工具,具体如表 5-1 所示。

表 5-1 领导行为复杂性量表的维度和项目

合 作	创 造
1. 鼓励参与	4. 能够预期服务对象的需求
1.1 鼓励下属提出自己的建议和想法	4.1 能够与部门服务对象讨论他们的需求
1.2 鼓励下属参与工作决策	4.2 能够了解和掌握部门服务对象的需求变化

续　表

合　作	创　造
1.3　在主持会议时,努力营造和保持一个开放的讨论氛围	4.3　能够预测部门服务对象的未来需求
2. 发展员工	5. 启动变革
2.1　鼓励下属妥善规划自己的职业生涯发展	5.1　能够提出大胆且具有前瞻性的工作计划
2.2　主动了解每个下属的职业生涯发展计划	5.2　能够推动具有理想抱负的工作计划
2.3　能够就职业生涯问题对下属进行指导	5.3　能够启动一个重要性的、开创性的工作计划,并投入其中
3. 承认下属的个人需求	6. 激励下属超越预期
3.1　能够对下属的倦怠状态有所觉察	6.1　为下属提供接受挑战的机会
3.2　鼓励下属在工作与生活之间进行平衡	6.2　鼓励下属以创新的理念开展工作
3.3　能够了解和体认下属的心理感受	6.3　促使下属以超越传统的方式实现绩效
控　制	竞　争
7. 澄清政策	10. 关注竞争
7.1　促使下属了解并遵守本单位或部门的工作程序	10.1　强调在工作上进行竞争的必要性
7.2　确保下属了解本单位或部门的政策	10.2　发现本单位或本部门的竞争优势或特色
7.3　保证本单位或部门的工作计划或工作指南清晰易懂	10.3　坚持使本单位或本部门的发展或表现优于其他单位或部门
8. 期待精确工作	11. 表现出努力工作的道德
8.1　要求下属准确无误地完成工作	11.1　能够在工作上不畏困难、奋斗不懈
8.2　促使下属清楚正确地完成工作的细节问题	11.2　能够使积极热情工作的下属成为大家学习的典范
8.3　对下属强调工作的精确性	11.3　能够全身心地投入工作之中
9. 工作计划控制	12. 强调速度
9.1　对工作计划和过程进行全面周密的管理	12.1　能够使本单位或本部门的工作尽快完成

续　表

控　　制	竞　　争
9.2　对工作计划的进展保持控制	12.2　能够尽快展示每个工作部门或工作团队的工作结果或绩效
9.3　对工作计划的推进进行严密的管理	12.3　能够对紧急事件或问题作出快速反应

资料来源：Lawrence, K. A., Lenk, P., Quinn, R. E. Behavioral Complexity in Leadership: The Psychometric Properties of a New Instrument Behavioral Repertoire [J]. The Leadership Quarterly, 2009, 20: 87-102.

良好的信效度指标是一个测量工具的基本要求。研究者提供的该量表的克伦巴赫 α 系数以及重测信度系数都在 0.63 以上。研究者采用结构方程模型（SEM）对该量表的一阶四因素二阶十二因素模型进行了验证，检验模型的 χ^2/df、CFI、LFI、RMSEA 等拟合指数良好，而且相邻二阶因素的相关大于相反二阶因素的相关，该结果也在一定程度验证了竞值框架的理论假设。研究者采用贝叶斯布朗方法（Bayesian version of Browne's mode）（Browne, 1992）进一步检验了基于 CVF 的领导角色模型是一个空间上的环形结构。总之，该量表是迄今为止信效度指标比较良好的测量工具，为以后的相关研究奠定了坚实基础。

四、领导行为复杂性研究的总结与展望

对于任何组织而言，领导都起着重要作用。在任何时代和社会，领导都是值得关注的一个重要议题。正因如此，百年来关于领导的研究文献纷繁众多，各种理论层出不穷。基于竞值框架的领导行为复杂性理论，从组织有效性倒推出领导行为复杂性，从而揭示出领导的矛盾性本质，相对于其他领导理论而言可谓独辟蹊径，"矛盾的和谐"也许正是领导的本质所在。该理论丰富了当前的领导理论，从另外一个侧面揭示了领导的内涵和本质所在，无疑具有极大的理论价值和现实意义。从指导领导实践的角度而言，领导行为复杂性理论的"通盘考虑"（both-and）特点相比于其他领导理论无疑更加具有优势（时勘、李超平、陈文晶、徐长江、谢义忠，2008）。尤其是对于我国当前有待完善的领导力开发和培训提供了一个清晰明确的理论框架。

由于基于竞值框架的领导复杂性理论形成于 20 世纪 80 年代后期，发展

历程较短,因而该理论还存在着很多问题,面临许多挑战(时勘、李超平、陈文晶、徐长江、谢义忠,2008)。首先,该理论未能很好地融合领导研究领域中的其他一些重要发现和相关研究成果,从而导致该理论有些停滞不前,缺乏影响力。其次,该理论的形成基本上是一种概念演绎和理论整合,而非基于实证的扎根研究,其内涵的完整性受到质疑。最后,关于该理论模型跨不同社会文化背景的实证研究很少,从而缺乏跨文化的验证。

基于以上分析,基于竞值框架(CVF)的领导行为复杂性理论要想有进一步的发展,在众多的领导理论中脱颖而出,必须做到以下三点。

第一,纵观整个领导研究领域的发展趋势,越来越多的学者认识到,当我们建构领导理论时,应该采用一个更加整合性的视角。毫无疑问,整合性模型的提出或整合性研究是将来领导理论研究的大趋势。因此,领导行为复杂性理论也必须吸收整合领导研究领域中的其他相关成果。例如,政治技能、人际技能、智力、工作关注和情绪稳定性是领导有效性的最强烈的预测源(Howard and Bray,1988;Lombardo and McCauley,1994;Fiedler and Macaulay,1998;Wood and Bandura,1998)。将来的研究有必要基于外部的有效性测量,从而确定CVF象限影响不同的有效性校标的程度。

第二,必须做到"自上而下"的研究与"自下而上"的研究相结合。当前关于领导行为复杂性的研究主要是概念演绎和理论推理,是"自上而下"的研究。将来的研究应该加强扎根研究,多做些"自下而上"的研究,从而提高该理论模型的完备性和完整性。同时,也应该加强人、行为、情境之间各种变量关系的实证研究,例如情绪复杂性、人格与行为的关系领导者与追随者之间的复杂关系等等,从而增加该理论模型的解释性。

第三,关于领导行为复杂性研究必须考虑文化变量,即将来的研究应该加强跨社会文化背景的验证研究,从而提升该理论模型的概括性。例如,由于东方文化与西方文化的差异,在东方文化中,道德角色、情绪能力可能更加重要。另外,当前的研究所选用的样本绝大多数都来自企业,将来的研究也可以适当选用政府官员样本,可能会有新的发现。尤其是,党政领导者是典型的"管理性领导者",他们既要例行公事、又要组织创新,因而领导效能较高的领导干部应该表现出较多的行为复杂性,基于文化变量的更多研究也许更能揭示出领导的"矛盾的和谐"的悖论。

/ 第六章

领 导 与 决 策

领导决策是领导者为实现领导目标而进行超越自我利益的权衡的智慧,在决策实践中体现为对多种方案优选并与利益相关者达成共识的过程。领导者看似可以自由地进行选择,但他们必须对所做的选择负责,承担相应后果,因此决策必须超越自我利益,方能获得最大限度的支持。除了紧急或危机等特殊情况之外,在常规情况下,决策都需要遵循一个合理的推进过程。领导者在决策中需要发挥组织的想象力,动员各种力量和各种资源,采取有效的行动,最终实现决策目标。

一、领导决策理论

中西方悠久的历史积累了丰富的决策思想和学说,主要体现在哲学、政治学、管理学、心理学和军事学领域,最终在第二次世界大战之后在西方形成相对成熟的现代决策理论。这里选择其中一些比较有代表性的重要思想、学说和理论加以阐述。

(一)中国古代决策思想

中国从古至今产生了丰富的决策思想,这些决策思维蕴藏在深厚的中华传统思想文化中,虽然尚未形成现代意义上的决策理论,却对中国的政治、管理乃至人们的生活决策产生深远影响,其中以先秦诸子百家的思想最为典型。

1.《易经》的阴阳平衡决策思想

《易经》作为中华早期文明的智慧结晶,是儒、道两家共同遵奉的经典,对中华后世思想有深刻影响。"易"通常理解为事物的变化,分为"简易""变易""不易"三层含义。《易经》以阴阳为基础,探究宇宙间事物发展、变化的自然规律,揭示阴阳平衡之道。《易经》与脱胎于它的很多民间术数,常被用于预测、运筹等决策领域。《易经》版本复杂、晦涩难懂、旁支众多,导致至今都无法完全认清其真面目,领导者如果不加具体分析对其过于盲信,也可能会使决策误入歧途。

2. 道家的无为决策思想

道家认为人应顺应自然规律,让一切事物按照其原有的发展方向发展,即"无为而治"。无为并非不作为,而是遵循客观规律,"无为而无不为"。道家的黄老学派主要继承了经世致用的理念,最典型的如老子所说"治大国,若烹小鲜""太上,不知有之;其次,亲之誉之;其次,畏之;其次,侮之"(《道德经》)。在治国决策上对中国历史影响很大。汉初统治者顺应民意,采用"无为而治"的思想,留下"萧规曹随"的佳话。文景时期继续推行这一政治思想,各项决策皆以"无为而治"为核心展开,从而成就了历史上的"文景之治"。这对领导决策的启示是,不要过度决策,而要谨慎决策。这一思想也有一定的消极性,在人性面前,领导者极易从"无为"变成"毫不作为",或者容易被误以为是"不作为"。

3. 儒家的中庸决策思想

儒家认为人处理事情的时候应该做到恰到好处,凡事追求折中,知道适可而止。正如朱熹所说:"中者,不偏不倚,无过无不及之名;庸,平常也。"(《中庸章句》)中庸决策思想主张人们在决策过程中选择行为目标和方案时应适可而止,达到稳定、和谐的要求即可。中庸能够使得领导者在决策中注重兼顾各方,但如果过度追求中庸,会造成领导者面对变化瞻前顾后,决策优柔寡断、贻误时机。另外,儒家会过高估计领导者的主观能动性,容易导致决策中对法治和规则的藐视。

4. 法家的法治决策思想

法家主张"以法治国",以"法、术、势"进行统治。法家看到战争状态下的弱肉强食,主张严刑峻法,以暴制暴,以政权确定的统一规则作为决策的标准。汉末诸葛亮治蜀之初主要用法家思想。他针对刘璋政权荒废政事,公权力不张的现状,提出"乱世重宽容,驰世用重典"的理念,雷厉风行,整肃纲纪,取得政权稳定。法家深感人性之恶,把民众当成君主的工具,其治理术符合封建统治阶级需要,所以中国封建统治者治国大多遵循"外儒内法"。中国古代的法的主要任务是规定官民人等作奸犯科的惩罚,顺带处理民事纠纷(易中天,2007)。领导者在决策中若一味采用法家思维,过分集权而无制衡,虽然高效但却残忍,容易失去下属人心。

5. 兵家的谋略决策思想

兵家是先秦研究军事谋略、从事军事活动的学派。兵家将治军与治国紧密结合,在春秋战国这个军事地位非常突出的特定时代,兵家思想的价值异常凸显出来。兵家的核心思想在于挑战规则,规则就是没有规则,在决策中追求"胜兵无形""避实击虚""兵无常势,水无常形""以正合,以奇胜""先胜而后求战"(《孙子兵法》)等,讲究谋略,出奇制胜。兵家这些决策智慧,主要运用于对抗情境,而对于当今领导者面临的追求合作共赢的时代背景和具体情境,谋略决策的局限性就会显露出来。

除了上述诸子百家思想基础上的经典决策思想之外,中国还有其他很多丰富的决策思想与实践。我们对待中国古代决策思想与传统文化的态度是一致的,那就是取其精华、去其糟粕。

(二) 西方近现代决策学说

从古希腊到近现代,西方产生很多与决策相关的学说。这里选择几个近现代经典学者与决策相关的学说进行阐述。

1. 马基雅维利的权术论

意大利政治思想家尼科洛·马基雅维利(Niccolo Machiavelli)认为,人类愚不可及,总有填不满的欲望、膨胀的野心。他基于这种"人性恶"的假定,提出君王须兼有狮子的凶残与狐狸的狡诈,为达到政治目的,可以不择手段。统治者必须玩弄权术,以打败威胁其地位的国内野心家和与其争夺霸权的外国劲敌(《君主论》)。在19世纪中后期,普鲁士"铁血宰相"俾斯麦(Otto von Bismarck)凭借个人的高超外交手腕推进德意志统一进程,继而维持德国在欧洲大陆的胜者秩序,取得德国在欧洲大陆"半个霸权"地位。以权术论为基础的决策模式是典型的交易型领导所为,经常能达到直接目的,或取得一时利益,但对道德的蔑视容易造成人性灾难。毕竟直接目的不一定符合长远目的,一时利益的保持也有很高条件要求,所获得的利益是比较脆弱的。

2. 泰勒的科学管理理论

美国管理学家弗雷德里克·泰勒(Frederick Taylor)基于古典经济学理论的"经济人"假设,认为决策者具有完全理性,能够将每一个备选方案进行优劣对比,并准确预测每个方案执行后所产生的后果(Taylor, 1911)。好莱坞经典电影《肖申克的救赎》中,蒙冤入狱的银行家安迪(Andy Dufresne)依靠理性的判断与科学精准的计算,再加上信仰支配理性,在监狱非人的环境里完成了对自我和对他人的双重救赎,整个电影情节是对科学决策的精彩演绎。科学管理模式主要起源于大机器生产时代对生产管理和体力劳动的分析,大大促进了管理标准化和劳动生产率的提高,具有划时代意义。泰勒在回应科学管理冷酷无情和不考虑个性的指责时说:"制度和诚实可靠的人都是需要的,而在实施最好的制度后,其成就将与管理的能力、言行一致性和管理中受人尊重的权威的高低相一致"(Wren, 1972)。不过,该模式对决策过程考虑比较理想,较少考虑决策风险和多因素博弈。

3. 弗洛伊德的潜意识理论

奥地利心理学家、精神分析学派创始人西格蒙德·弗洛伊德(Sigmund Freud)开创的潜意识心理研究,对决策研究产生重要影响。潜意识主要指不能进入意识的原始的本能冲动和欲望。潜意识乃是真正的"精神实质"。它经由意识和我们交往,就和我们的感觉器官对外在世界的观察一样的不完备(Sigmund Freud, 1900)。潜意识理论是心理学研究人类行为的经典流派之一,成为人们深入研究决策的重要基础。

4. 巴纳德的组织决策理论

美国管理学家切斯特·巴纳德(Chester I. Barnard)是系统组织理论的开创者,他提出有别于带有个人主观色彩的个人决策的组织决策,是从组织目标上考虑的有关组织活动的决定,是一种出于组织意图的非人格的决策。组织决策受战略因素和包括组织的目标和环境两者在内的客观因素的共同影响。决策的机能就是通过改变环境或改变目标来协调两者的相互关系,战略则随着环境的变化而不断改变(Barnard, 1938)。

巴纳德在20世纪30年代最早提出"决策"概念,并把它放到管理理论的关键地位,标志着刚刚产生不久的管理学中的现代决策理论的发端。巴纳德的决策理论为二战之后西蒙、林德布洛姆等人的决策理论的发展成熟奠定了基础。

(三) 西方当代决策理论

第二次世界大战之后,人类社会和科技发生了翻天覆地的变化,随着这些社会实践的飞跃发展,决策学说更加丰富,决策理论日益成熟,尤其以美国的决策理论研究最为领先。这里引介几个较有代表性的领导与管理决策研究学者及其理论。

1. 西蒙的行为决策理论

美国学者赫伯特·西蒙(Herbert Simon)是决策理论成熟的首要标志性学者。他的名言是"管理就是决策",用"管理人"取代"经济人",对科学决策模式提出了挑战,提出了决策的"有限理性标准"和"满意标准"。由于自身局限性和外部环境结构制约,决策者在决策中并不是最大限度地追求理性,只要求"有限理性"(转引自Polič, 2009)。决策者追求"满意标准",而非"最优标准"。这种思维转变使决策理论与决策实践更加接近。应该指出的是,西蒙的管理决策并没有覆盖到经营决策领域,因而其所说的决策无法完全代替整个组织的经营管理。

2. 林德布洛姆的渐进决策理论

美国政治经济学家查尔斯·林德布洛姆(Charles E. Lindblom)认为决策过程应是一个渐进过程。决策不能只遵守一种固定的程序,而应根据组织外部环境与内部条件的变化进行适时的调整和补充(Lindblom, 1980)。渐进的过程就是一个决策者不断学习和调整的过程。渐进决策模式主要适用于常规工作推进,在社会条件和环境发生巨大变化需要急剧变革时,若领导者在决策中使用该模式,有可能会对变革起到阻碍作用。

3. 布坎南的公共选择理论

美国经济学家詹姆斯·布坎南(James M. Buchanan)的公共选择理论把经济学中的"经济人"假设推广到政治分析中。他认为,对群体利益的分析充其量只会给我们留下一个与最终抉择过程相剥离的阶段而已,而这个最终抉择过程只可能发生于个人心中(Buchanan and Tullock, 1962)。公共选择理论保证了对人类行为分析的一致性,但对政治行为的自利性分析具有一定局限性,不能有效解释那些具有理想抱负、信仰坚定、感情丰富等特征的从政者的决策行为。

4. 德鲁克的有效决策理论

美国管理学家彼得·德鲁克(Peter F. Drucker)提出,管理者的本分,在求工作之有效。管理者必须做有效的决策,有效决策具有七要素,比如,出色的决策制定者不做太多的决策,他们所做的都是重大的决策。有效的决策是从管理者根据经验所得的个人意见开始,而不是从搜集信息开始(Drucker,1966)。

5. 阿利森的决策三模式

美国政策研究者格雷厄姆·阿利森(Graham Allison)等通过对1962年古巴导弹危机经典案例的研究,在其经典著作《决策的本质:解释古巴导弹危机》中提出决策三模式:理性模型、组织过程模型、官僚政治模型。在书中,他试图以不同的理论模型来解释美苏在古巴危机中的决策模型,提供了解释政府决策的有说服力的框架(Allison and Zelikow,1999)。

进入21世纪以来,随着现代社会与数字科技加速发展,人类社会和组织管理的形态发生急剧变革,领导决策与相关社会与组织变革的联系也在不断加强,形成治理决策分析、大数据决策分析等众多前沿领域。

二、领导决策过程

领导决策是一个提出问题、分析问题、解决问题的过程,一般会经历发端、调查、研究、分析、拍板、评估等程序。决策有一个顶层规划设计问题,亦即元决策,它需要考虑的问题有:决策活动应该如何组织、决策目标如何选择、决策组织如何构建、决策步骤如何选择、决策执行如何监控等等(王众托,2019)。

(一) 提出正确问题

提出正确问题比解决问题有时更重要,因为要提出真正的问题,就必须找到问题的关键。决策问题的产生大致有两种模式:一种是"冲击-反应"模式,一旦遇到某方面问题和障碍,或者发现某些消极事物的苗头,就开始分析研究制定策略,这种模式是相对被动的;另一种是"预测-战略"模式,有比较稳定的战略,对实现战略中可能的问题进行预测,并主动地去分析研究制定策略,这种模式是相对主动的。

一般来说,领导者可从如下六个重点方面入手来思考决策问题:① 事关重要目标实现的问题;② 群众最关心、反响最大、要求最迫切的问题;③ 妨碍全局工作开展的问题;④ 最薄弱环节和制约瓶颈问题;⑤ 上级政策要求和任务布置的问题;⑥ 事关个人和组织前途命运的重大关键问题。对于决策问题,要根据大小、投入、收益、风险、复杂程度等进行分类。事情越大、投入越多、收益越大、风险越大、越复杂的问题,越要严格按照决策程序慎重决策,以求最大限度地实现决策目标。

对决策问题的捕捉考验着领导者的综合素质,主要包括以下四点。

(1) 合法性。领导者具有身份、决策内容、决策程序和个人魅力等诸多合法性。合法性的功能是将权力进一步提升为权威。恺撒(Gaius Julius Caesar)一生都决策迅速且鲜有失误,然而,公元前49年,在罗马郊外的一条小河边,他犹豫了。河外的他是英雄,过了这条河就会被称为叛国者。恺撒经过犹豫,最终还是指挥部队渡过了卢比孔河,并留下了"Alea jacta est"(骰子已经掷下)的名句。

(2) 决断能力。决断能力是领导者的关键特质。下属对领导者的认同部分来自领导者在决策中表现出来的魄力。虽然决策就是趋利避害的选择,但领导者不能在下属面前表现出犹豫不决。领导者必须乐观积极,在看到问题的同时,也要看到解决问题的希望,寻找解决问题的方案。唐朝有"房谋杜断"的佳话,房玄龄擅长谋划,杜如晦善于决断。三国时期的袁绍"多谋少决"是其事业失败的重要原因,"谋"需要的是智慧,而"决"需要的是气魄。

(3) 占有足够信息。领导者要充分占有信息,领导者所处层级越高,占有的信息量越大,对领导者的信息甄别能力要求越高。孟良崮战役中,战役指挥员粟裕核查发现各部队报来的歼敌总数与他掌握的数字不符,少了7 000余人,命令部队立即返回。果然,在600高地至孟良崮主峰的中间凹地发现躲藏的敌方整编第74师7 000余人,解放军立即发起进攻予以歼灭。这充分说明指挥员粟裕对军事信息有一种非常高度的敏感性,才没有错过这个全歼敌军的机会。

(4) 思想认识的逐步深入。领导者有时候面临的决策事务没有先例,对这类事务一般都会经历逐步深入认识的过程,这中间甚至可能会发生数次认识转变。认识越深入,决策越接近真理。例如,林肯以解放黑奴而永载史册,其实在对待黑人奴隶问题上,他经历了一个思想逐渐转变和深入的过程,最终体现在解放黑人奴隶这一永载史册的重大决策上。

(二) 恰当分析问题

分析决策问题是从若干可能的方案中通过决策分析技术选择其一的决策过程。分析决策问题需要选择合适的决策方法和工具,最终得出有价值的判断。决策的结果很简单,但决策的过程很复杂,其难度首先体现在对事物的深入认识上。"熟知并非真知",认识事物的本质并非易事,需要长时间观察、研究、调查,反复思考,有一个从现象到本质的认识过程。

民主集中既是一种制度安排,也是一种决策方法。民主集中制,是民主基础上的集中和集中指导下的民主相结合。首先,一个议题决定之前,创造民主氛围,所有相关的人都可参与磋商,自由表达观点而不会遭到责难;其次,将讨论的各种声音集中起来进行分析;最后,权衡利弊后做出决定,一旦做出决定,集中便生效,无论人们是否同意,都必须执行。要真正做到民主集中,领导者必须有一定民主素养。每一位领导者都有自己的视野盲区,需要与班子成员、下属以及各界人士一起,多角度看问题,避免视野盲区和决策失误。面对下属三番五次提出反对意见,领导者是否能够正确对待、耐心沟通甚至吸纳对方意见,成为一个很大的挑战。

根据领导生命周期理论,领导者在决策中贯彻民主集中的程度与领导者相对于下属的能力、资历差别有一定关系。对于资历较深、能力较强的下属,领导者一般会倾向于民主为主,而对于资历较浅、能力较弱的下属,领导者一般会倾向于集中为主(杨国庆,2017)。三国的孙权在执政后期具有绝对权威,但在执政前期对父兄留下的谋臣武将还是有所顾忌。比如,赤壁之战时,孙权对张昭等主降派虽然不满和失望,但只能隐忍不发,待得到周瑜、鲁肃等主战派的支持后,才最后拍板。

在以集思广益征求意见为目标的会议上,领导者不要在一开始就亮出自己的观点,以免封闭下属的创造性思想。领导者要努力创造畅所欲言的氛围,尽可能让下属多发表意见,可在会议结尾做总结时再摆出自己的观点。领导者不要把思考问题的焦点放在明辨是非上,而是把目标放在吸取大家的智慧上,这样才会去细心地识别他人观点中的有益成分,畅所欲言的气氛才会形成。领导要善于在会上捕捉下属智慧的闪光点,而不是仅仅自己去产生闪光点。关于如何开会,罗伯特议事规则有非常详细的规则,对于会议程序设计、规则议题设计等都有严格规范的要求,能够通过开高质量的会议服务于高质量的决策(罗伯特,2015)。

(三) 有效解决问题

解决问题是决策的关键目标。对多种方案的抉择标准,中国一句古谚有经典的表达:"两利相权取其重,两害相权取其轻。"面临常常不是只有一种正确的解决问题的办法时,"急则治其标,缓则治其本"。一般来说,解决问题有三类措施可供选择:紧急措施、过渡措施、根治措施。

在决策拍板时,领导者需要注意不能过分在意流程,而要在意责任。很多时候过分在意流程,一级一级的领导者签字,但其实没有很认真地履行责任,往往后面签字的人,都认为前面签字的人已经承担了责任,所以他只需要判断之前的人是否签字,前面的人签了,他就签字。各层领导者只是机械地走完流程。这样就导致了一个非常可怕的结果:组织的重要决策往往是最基层的人所做的判断。

在危机决策中,领导者统筹掌控和多方协调不可或缺。比如,新冠肺炎疫情暴发非常突然,面对持续上升的确诊病例、未明原因的传染源、防疫物质短期内缺口严重、社会公众处于集体恐慌状态等迫在眉睫的问题,地方党政领导干部在应急响应中统一行动、形成合力、协调指挥。火神山、雷神山医院等建设的"中国速度",背后有政府部门、企业和社会力量的统筹指挥和多方协同作为支撑(陈新明、萧鸣政,2020)。

追踪决策是指当原有决策的实施表明将危及决策目标的实现时,对目标或决策方案所进行的一种根本性的修正(夏禹龙等,1985)。追踪决策不同于决策在执行过程中的补充及修正。后者是在决策执行过程中,由于决策本身的特点和决策环境的变化,决策者对决策执行情况不断进行检查和纠偏,这样就可以进一步完善决策。在这个过程中,必要时做出一定舍弃,取是能力,舍是智慧。林德布洛姆为代表提出的渐进决策理论,就认识到决策者是在无边无际的未知世界中的问题解决者。追踪决策需要比原决策更加慎重和科学。

三、领导决策方法

领导决策方法是为进行决策而采取的途径、步骤、手段等。决策时如果仅仅注意目标,忽视采用合适的方法对方案进行选择,最终也很难达到目标。领导在做决策前,可以根据目标和条件来评估所采用的方法。

(一) 经验决策方法

经验决策方法是主要凭领导者个人的知识、信息、直觉、胆略和经验等做出决策,这种决策方法的基础工作是调查研究,集中体现是直觉决策。对于经验决策来说,调查研究是基础工作,同时也是一种重要的决策方法。调查研究之后做出决策,是领导决策的最常见形式。调查研究可分解为调查和研究两步:前者是对特定对象通过文字资料、现场观摩等形式进行深入考察了解;后者是在调查的基础上,经过准确的归纳整理、科学的分析研究,进而揭示事物的规律,得出符合实际的结论。

调查研究需要具有典型性与广泛性。上级政策有时存在"一刀切"的问题,缺乏精细化和针对性,部分原因是调研不够广泛深入。调研需要找到典型对象和进行多点调研。

领导者在调查研究时,常面临如何对待上级既定政策的问题。调研时不能拘泥于上面定的调子和已经下的结论,上级的文件及领导的指示只能是调查研究和分析问题的线索、方向和指导,不应该成为工作的条条框框。上级也应以此态度来对待自己下发的文件和指示,不能用它们扼杀和抑制下级的积极性和创新性,造成死水一潭。调查同行中的先进做法来帮助领导者做出决策,同样是一种技巧和方法。比如在企业界,要判断一个行业的前景,最简单的办法是看这个行业的龙头企业家在干什么以及打算干什么,因为他们才是最聪明、最敏锐的观察家。

在信息不充分和不确定型决策中,领导者很多时候是凭直觉进行决策的。大量主要靠直觉来完成的决策,具体来讲主要包括如下类型:① 用于解决急事。在关键时刻,没有多少时间思考,只能靠平常的积累生成的直觉来办事。② 用于快速解决问题。有些事情虽然不是急事,但还是要尽量提高决策效率。③ 用于无关紧要的事情。这些事情办坏了,也没有多大的影响,基本上凭直觉解决就可以了。④ 信息模糊,如信息不足、信息过量以及信息冲突时,需要收集信息;或者先放一段时间后,当获得灵感后解决问题。⑤ 用于长远的问题。对许多长远的问题,既有必要做些计划,又不可为之花费过多的时间和精力,便可在有空时想一想,以求得到较多的、较好的灵感。

决策者要处理好合理与有效的辩证关系。越是长期的决策越要注重合理性,越是短期的决策越是要注重有效性。各种事务由不同的人员决定,日常事务由普通员工根据岗位职责直接处理,一般事务由分管副职根据分工职权直接决定,重要事务由正职领导征求相关人员意见决定,重大事务请上级知晓并且领导班子集体决策。决策者常常要在准确与效率之间做出权衡,日常决策由于时效性强和影响不大而无须耗费太多精力,所以更加讲究决策的速度,往往决策的效率比准确更重要。直觉决策受领导者个性影响很大。奥地利作家斯蒂芬·茨威格(Stefan Zweig)在描述格鲁希在滑铁卢战争中的直觉判断时,对其软弱怕事的个性进行了细致入微的描述,他的这种个性使他在关键时刻判断错误,导致拿破仑全盘皆输(茨威格,2004)。

展望未来,人工智能、大数据、云计算、区块链等技术的普及带来精准决策逐渐增多,对直觉决策运用范围可能会有所影响。

(二) 科学决策方法

科学决策通常是集体智慧的产物,它尽可能采用先进的技术和方法来做决策。如果具备数据比较确定、掌握定量分析技术、重大问题领域,或参与人员众多等条件,一般都采用科学决策方法。

1. 统计决策方法

统计分析是对有关数据资料进行归纳整理并进行分析解释的过程。对统计工作者来说,要学会进行统计分析,积极为领导决策服务。对领导者来说,要善于利用统计分析,为领导决策提供依据。

统计是根据数据来理解事物,数据的特征则由图表以及"平均值""标准差"等统计值来表示。统计决策方法的优势在于精确、可靠、直观,不过它要与其他方法结合起来才能达到最佳效果。现实世界是复杂的,人们对事物的认知也要透过现象看本质,仅靠统计分析方法去控制和解释相关变量及其相互关系,有时候并不全面,也无法深刻。能够对事物全面了解的大规模普查虽然比较精确,但工作量和投入成本却非常大,在实际工作中常用抽样调查来了解事物的基本特征。

2. 博弈论决策方法

如果说普通决策主要关注单一决策者的情况,博弈论可以理解为关注的是一种特殊情况下的决策,也就是当有两个或者两个以上决策者互动时的情境,即"多人决策模型"。博弈论的目标是假定局中人都遵循工具理性主义并按照他们自己的最佳利益行动时,找到冲突和合作情形的最优解(Kelly,2003)。

博弈论的关键是信息,适用于信息不完全或者不对称的时候,比较典型的适用场合有谈判、销售、选举、战争等竞争情境。从决策角度来看,根据博弈论,决策者要想让自己的决策最优,首先需要考虑给定自己的决策时对方如何最优,即换位思考。领导者如果用博弈论的思维方法来看待面对的决策问题,对决策的理解将更加立体和客观。

3. 决策树

决策树是一种直观运用概率分析的树状图解方法,它在计算出各种情况发生概率的基础上,来评价项目风险并判断其可行性。运用决策树时,首先画出代表决策问题的决策点,再画出代表可供选择的方案分枝,最后画出代表方案可能出现的各种结果的概率分枝。然后由专家计算概率值,在此基础上计算益损期望值,为决策者提供决策依据。

决策树是随机决策模型中常见的方法,能够有效控制决策带来的风险。不过,决策树方法对连续性的字段比较难预测。当类别太多时,错误可能就会增加得比较快。

4. 人工智能决策

人工智能作为计算机科学的一个分支,在计算科学和大数据环境下对决策产生的深刻影响。计算机模拟如果达到能够模仿人的思维过程的较高程度,就是人工智能。领导者常常要在不完全了解事物的情况下去做出选择,计算机模拟能用来帮助领导者在这种不确定的复杂条件下进行决策。

人工智能可以根据对数据的算法自动生成决策,或者作为决策的有效补充。根据弱人工智能,电脑通过学习,按人脑事先设定的思维规则,代替人脑做出最终的决策,进而采取行动,让电脑看起来会像人脑一样思考。根据强人工智能,电脑按自己的思维规则做出最终的决策,进而采取行动,电脑会自己思考。

从发展历程来看,决策范式经历了由静态决策到动态决策、由完全理性决策到有限理性决策、由单目标决策到多目标决策的演化。在大数据环境下,决策正在从关注传统流程变为以数据为中心,使新型决策范式呈现出大数据驱动的全景式特点(陈国青等,2020)。

(三) 参与式决策方法

参与式决策方法属于集体决策,是根据特定的程序,由所有相关成员共同参与分析与解决问题并最终形成共识的一系列团体决策方法的统称。如果群体水平比较高,或者所讨论的问题比较复杂而没有标准答案,就适合用下述集体决策方法。

1. 行动学习

行动学习背后的理论假设是,没有一个现成的课程能够帮助所有的人解决他们所面对的问题,仅仅靠专家的知识并不能帮助管理者解决他们在现实情境中所遇到的大量问题与挑战。一组人共同致力于实际问题的解决,并从解决问题过程中学习(马奎特,2013)。通过行动学习所进行的团队决策更保障了决策的全面和深入,达到较高质量的决策和实施。

各个组织对行动学习理解不同,具体操作方式千差万别。很多组织因为某些条件不够成熟,所以实施效果并不能达到最佳,由此产生的决策方案最终落地也存在困难。行动学习的实施成本相对较高,成本既包括投入的经费,也包括管理层与员工投入的总体时间和精力。

2. 团队共创

团队共创是创造条件使团队成员在一种积极、开放的氛围中围绕主体,通过头脑风暴等方式,围绕目标达成一致。鼓励大家把自己的想法都表达出来,形成团队智慧,最终形成大家都认可并愿意参与的团队计划。

团队共创通常由如下部分组成:① 内容介绍,介绍关于共创活动的主题、内容与流程等,以便准备好开始;② 命名群组,借由为群组命名的过程,形成团队凝聚力;③ 头脑风暴,个人的脑力激荡以及小组内分享,以迸发出有价值的想法;④ 群组分享,各小组将想法呈现在众人面前,并接受提问;⑤ 诠释运用,分析形成的共识对于团体的意义以及此后的运用。

3. 世界咖啡

世界咖啡的主要特色是跨界与自由流动,是在安全、平等、友好的氛围中,在不同专业背景、不同职务、不同部门的人群间会谈特定的问题,通过建立一个充满生机的网络创造集体智慧的会谈方法。世界咖啡活动适用于参与人数较多的场合,同时要在大主题之下再划分出若干小题目。

世界咖啡的角色包括主持人、桌长和参与者三类。活动中,在一个环节讨论结束之后,除桌长外,其他参与者自由换桌,参加下一桌讨论分享。大家注意倾听,在各自的贡献上做更深入思考,相互之间形成一张"思维之网",不断延伸。

4. 私人董事会

私人董事会,简称为私董会,是一种新兴的企业家学习与社交模式,它能够把高管教练和深度社交等多种形式融合起来。私人董事会旨在通过企业家和高管群体的知识和经验分享,彼此进行学习。参与者能够从活动中拓展出很多新角度,去思考和解决企业经营管理中面临的一个个现实难题,帮助各自的企业取得更好的业绩。

私人董事会在西方成熟的市场经济国家已有半个多世纪的历史,有非常成熟的运作模式。多年前被引入中国之后,私人董事会逐渐开始被企业界所认识和运用。私人董事会注重私密性,只有少数非竞争性行业的企业家和高管群体参加,有助于他们的重要决策不偏离正确方向。

除了上述四种方法之外,还有城镇会议、结构化研讨、六项思考帽、聚焦式会话法等多种可以用于参与式决策的方法(杨国庆,2017)。这些方法均有富有弹性的特定程序,它们有时可以前后衔接,有时可以彼此包含,供领导者根据情况和需要选用,以更好地进行集体决策或为最终决策提供集体意见参考。

第七章

领　导　与　用　人

德鲁克曾说,"在我看来,工作效率最高的领导从不说'我'。这并不是因为他们训练自己不去说'我',而是他们思考的从来不是'我',而是'团队'。他们明白自己的工作是让团队发挥作用,这是一种对任务和团队的（通常是无意识的）认同"(Drucker, 1992)。这位被誉为"现代管理学之父"的学者其实在告诉我们,领导从来不是独角戏,领导是一种关系,是一种对话,是一种合力。没有团队,就无所谓领导力,没有追随者,就无所谓领导者。领导的客体一定是人,而管理的客体既可以是人,也可以是物。从古至今,"用人"一直是领导艺术的集中体现。人的价值主要在使用——在使用中发现,在使用中成长,在使用中发挥作用、砥砺品质、增长才干。领导用人,要摈弃"叶公好龙""武大郎开店""论资排辈""一朝天子一朝臣""圈子文化""重引轻用"等做法,创造条件让人各显其能、各尽其才,真正做到关心人、爱护人、成就人、激励人,用当其长、用当其时、用当其位。

一、领导用人的理论基础

领导用人,首先要了解人,了解人性。两千多年前,古希腊德尔菲神庙的阿波罗神殿中就镌刻着"认识你自己"的箴言,柏拉图最爱引用来教育人。我国春秋时期的老子也曾说,"知人者智,自知者明"。古今中外有关人性的探讨可以说是蔚为大观,东西方关于人"性本善""性本恶"的争论亦时断时续,延绵不绝。直到近现代自然科学和人文社会科学的发展提出了一系列的人性假设,为我们理解人性提供了新的思路和启示。

对人的本质属性的洞察,即人性假设,是一切社会科学研究的逻辑起点,领导科学也不例外。人性假设的发展与演变,影响和推动着领导科学的理论研究与实践。不同的学者基于不同的人性假设构建了不同的管理理论，在领导实践中演绎出了不同的领导风格、行为、方法与艺术。美国社会心理学家、行为科学家Gregor(2008)指出，在每个决策或管理行动的背后，都必然存有关于人性与人性行为的假设。当然，人性是极为复杂的，表现在理性与非理性、确定与不确定、有序与无序、冷静与疯狂、散乱与统一等关系范畴中。人性假设是以一定的价值取向为基础，对纷繁复杂的现实人性所做出的高度抽象和概括；不同时期不同人性假设的提出，总是源于社会秩序的突变，或者人类对自我认识、信仰的瓦解和重构。纵观管理思想史，人性假设大致经历了"经济人"假设、"社会人"假设、"复杂人"假设、"文化人"假设几个阶段，分别对应着X理论、Y理论、超Y理论与Z理论。

（一）"经济人"假设与X理论

"经济人"也称"理性-经济人"或"唯利人"，该假设最早由亚当·斯密(Adam Smith)在1776年出版的《国富论》中提出。他认为人的行为动机根源于经济诱因，一切活动皆受"利己心"支配，以自我利益的最大化作为自己的追求，人们工作就是为了取得经济报酬。1957年，Gregor在《企业的人性面》一文中，将当时企业中流行的管理观点称为"X理论"，这是基于"经济人"假设的概括。其基本内容包括：多数人非常懒惰，想方设法逃避工作；多数人安于现状，逃避担责，甘受他人领导；多数人必须用强制和惩罚的手段，才能迫使他们为组织目标而工作；多数人为满足基本需求而工作，金钱和地位可以激励他们；正因为大部分人都是如此，只有那些能够自我激励、克制感情冲动的人能够担当管理的责任。Gregor认为，这种人性观必然导致"胡萝卜加大棒"的"家长式"管理，即一种将人当作工具、以物质激励和等级控制为主、强调制度规范和领导权威的管理方式。Taylor的科学管理理论就是典型代表。实际上，包括Fayol、Weber在内的所有西方古典管理学者都是以"经济人"假设作为核心理念构建自己的管理理论。

（二）"社会人"假设与Y理论

"社会人"也称为"社交人"。1933年，美国行为学家G.E.Mayo在完成霍桑实验后提出，调动员工生产积极性的决定因素不是金钱与物质，而是良好的人际关系。"社会人"假设认为，人的工作动机来源于社会、心理需求；除了经济诱因，人们在工作中还需要良好的人际关系认同和社交激励；员工的工作效率随着上司能满足他们社会需求的程度而改变；善于倾听和沟通员工意见的新型领导非常必要。Maslow 的需求层次理论、Herzberg 的双因素理论都是在"社会人"这一维度上的扩展和深化。

1957 年，Gregor 以"社会人"假设为基础，把 Maslow 的自我实现与工作的意义结合起来，提出了他自己认为更为合理的"Y 理论"，其基本内容包括：一般人都是勤奋的，如果环境有利，工作可以充满乐趣；人们在工作中能够自我指导和自我控制，控制和惩罚不是实现组织目标的唯一手段；多数人希望承担一定的责任；多数人在解决组织面临的困难时，都具有相当高的想象力、智力和创造力；组织中人们互相合作的限制往往源自管理方法不当。他认为，"Y 理论"的管理应该是"一个创造机会、释放潜能、排除障碍、鼓励成长、提供指导的过程"。Y 理论引发了企业的巨大变革，"人是目的而不是手段"逐步被接受，组织领导在关注工作目标之外，开始关注员工的要求。不只注意指挥、监督，也重视员工之间的关系和培养员工的自豪感、归属感；不只注意对个人的奖励，也提倡集体奖励。"员工参与式"管理成为颇具代表性的管理方式。无疑，Gregor 当年的期望已经成为今天各类组织管理中的常态。

（三）"复杂人"假设与超 Y 理论

美国心理学家 Edgar H. Schein 认为，有必要从人的动机发展变化角度和具体的管理情境出发，重新构建一种更合理的人性观。他在 1965 年出版的《组织心理学》一书中提出了"复杂人"假设。该假设认为：人的需要和工作动机都是多样的，并随工作与生活条件的变化而改变；胜任感是人们非常重要的一种需要，可以不同的方式来满足；人的需要、能力各异，对同一管理模式会有不同反应，比如高度成熟的员工会对"紧迫盯人"的管理非常排斥，但刚刚入职的新鲜人则很欢迎领导关注自己的工作状况，以便及时解决问题。简言之，组织中不可能存在一种在所有时候对所有人都管用的领导策略。

1970 年，以"复杂人"假设为基础，美国管理心理学家 Morse 和 Lorsch 提出了一种新的"超 Y"理论（即"权变理论"），基本内容包括：根据工作性质、工作目标、员工素质等综合考虑员工培训、工作分配、报酬和控制程度等问题，有助于提高管理效率；根据企业情况不同，采取弹性、应变的领导方式，创业阶段需要开拓型领导，成长阶段需要民主敬业与守业型领导，饱和阶段需要改革创新型领导等；根据员工能力、动机、性格的不同，采用灵活多样的管理方式与奖酬方式。超 Y 理论突出了不同情境下人性的可变性和组织管理的灵活性，是一种更具实践应用价值的理论。

(四)"文化人"假设与 Z 理论

二战后，日本经济快速崛起的奇迹让学者们的目光集中在了美日企业管理模式的比较上，并且发现，以员工为本、重视团队精神、人际和谐，注重培育共同价值观的组织文化造就了当时日本企业的强大竞争力。1981—1982 年，美国的学者们相继出版一系列有关企业文化的书籍，被总结为"文化人"假设①。其基本内容是：人是能动主体，追求自我价值实现和文化创造是人的本性；人是文化的存在，文化形塑个体的需求和价值选择模式，管理必须充分考虑不同的文化情境；满足员工的精神文化需求才能产生真正持久的激励效果；文化的核心是价值观，价值观决定人的行为模式，通过共享价值观的塑造可以达成组织所期望的目标；员工共同形成的企业整体文化素质，对于企业的生存和发展具有无可替代的作用。

美国管理学家 William Ouchi 具体比较了美国的"A 型组织"和日本的"J 型组织"，提出了一种融合两种组织优点、代表未来发展方向的"Z 型组织"，并出版了《Z 理论》一书。Z 理论的精髓在于组织对人的尊重、关心、理解和培养，通过建立亲密、信任、合作的文化氛围，形成共同的文化价值观，满足人的需求以实现组织目标，亦即通过独特的组织文化的构建和培育调控人们的行为。Z 理论强调对整体优势和卓越良好的集体感受的追求，组织不仅注重契约、法治和理性，更注重价值观、道德伦理、群体意识、文化网络和仪式，真正地发挥人的内在热情和智慧，充分实现人的自身价值。在管理思想史上，20 世纪 80 年代被认为是企业文化管理时代，文化由此成为现代组织管理的新追求。

二、领导用人的理念与内涵

从 X-Y 理论到超 Y 理论和 Z 理论，我们已经可以触摸到领导用人理念的发展脉络。当领导者依靠权力，对违令者施以惩罚威胁，或者给予很大诱

---

① 包括 William Ouchi、Richard Tanner Pascale 和 Anthony G. Athos，Terrence E. Deal 和 Allan Kennedy，Tom Peters 和 Robert H. Waterman 等。他们的著作《Z 理论——美国企业界怎样迎接日本的挑战》《日本企业的管理艺术》《企业文化》和《追求卓越》被认为是企业文化创立的"四重奏"。

惑,让人们朝着组织目标前进,他们会服从。可是一旦没有了大棒或胡萝卜,人们很可能会停止前进,甚至走向相反的方向。因为他们不会把任务当作自己的使命,也不会追随领导者,而领导者为了确保服从,必须不断投入资源、强化约束。当领导者意识到不仅仅是要让人们去做事,而是要让他们想去做事,从而在塑造追随者的信念、欲望和价值观上下功夫,那么就抓住了领导力的关键,即影响力。由此,领导与管理、决策和权威等区分开来。虽然管理、决策和权威都涉及领导过程,都很重要,但是,称职的管理、熟练的决策与认可的权威未必能赢得他人的精力、热情以及全心全意的追随,而优秀的领导者总是能赢得这一切。

领导用人实际上是一种关系建构的过程,是在动态的人际和团队互动中,学习、分享以及指导的过程。在领导实践中,领导者的工作目标、决策、意图都是在互动过程中实现的,领导者与追随者之间的"契合度"不可避免地影响领导者管理效能的发挥。团队领导需要沟通、需要激励、需要授权,凭借领导者的专业知识、工作实绩、品德修养、价值理念赢得追随者。所用之人并非被动的客体,而是主观能动的主体,"用人"是一个相互选择的过程。因此,作为领导者必须具备反思能力,时常要对权力所具有的去抑制化、客体化心理效应保持警醒,并接受外部监督,不要因占据的职位、拥有的权力而放松自我约束,将他人客体化,忽视他人的内在需求,从而损害领导效能(Messick and Kramer, 2010)。

从人性假设所经历的经济人—社会人—复杂人—文化人的转变与发展,我们可以看到管理思想的不断突破。虽然人性假设一直是基于人的需求,但是考量的因素从个体到团体、从静态到动态、从封闭到开放。人也从理论抽象回归社会现实,在具体的历史、情境中成为鲜活而丰满的形象。由此,我们在这里抽象出领导用人的原则与方法,有助于领导者去思考、比照、遵循,但在具体的领导实践中,它们又因人、因地、因时、因事、因势而异,就像之前所说,绝对不存在一种在任何时候对任何人都有效的领导方式或领导策略。

三、领导用人的原则

(一) 任人举贤、德才兼备

领导用人,首先要思考的问题一定是"用什么人"即选用标准的问题。"任人举贤、德才兼备"融通了中华文明"崇德、尚贤、举能"的传统,也是古代统治阶层治理经验的总结沉淀,蕴含着通过强调治理者的品德和才能,实现良政、善治的美好愿望。

《尚书·咸有一德》中曾明确提出"任官唯贤材",可以算作是任人唯贤思想的发端。孔子的政治理想是"为政以德"①。荀子认为"王者之论,无德不贵,无能不官""论德而定等次,量能而授官"②,即有德之人才能为官,并按照品德的高低定等级,衡量能力的大小授官职。墨子认为"厚乎德行、辩乎言谈、博乎道术"③,即德行、能力和学问是用人的基本条件,并提出"不党父兄,不偏富贵,不嬖颜色"④。这是对"任人唯亲""任人唯贵""任人唯色""亲亲""尊尊"用人原则的否定,打破了宗法世袭传统,以贤能为选用人才标准,"不避贵贱""不避亲疏""不避远近",成为中国思想史上的一大创举,对后世影响很大(訾其伦,2012)。继墨子之后,荀子提出"外不避仇,内不阿亲,贤者予"⑤,韩非子提出"内举不避亲,外举不避仇:是在焉,从而举之;非在焉,从而罚之"⑥。而后,二十四史、《群书治要》《资治通鉴》等历代典籍中,关于"择贤""举贤""荐贤""任贤""纳贤"的记载和论述屡见不鲜(麻宝斌、仇赟,2018)。

中国历史上,既有文王渭水访太公、三国刘备访卧龙的访贤求贤故事,也有周公吐哺礼贤下士、萧何月下追韩信的礼贤美谈,更有冯唐易老、李广难封的悲叹。冯梦龙感叹:"历览往迹,总之得贤者胜,失贤者败;自强者兴,自怠者亡。胜败兴亡之分,不得不归咎于人事也"⑦。人才难得,不能轻视,也不要耽误。我们现在常说"用一贤人则群贤毕至,见贤思齐就蔚然成风",应是对"用人举贤"的最好阐释。

选贤任能是关系到任何一个组织前途与命运的根本大计。自古以来,选才用人,没有不注重德与才的。北宋司马光在《资治通鉴》中说:"才者,德之资也;德者,才之帅也。""是故才德全尽谓之圣人,才德兼亡谓之愚人,德胜才谓之君子,才胜德谓之小人。""君子挟才以为善,小人挟才以为恶。挟才以为善者,善无不至矣;挟才以为恶者,恶亦无不至矣。""古昔以来,国之乱臣、家之败

---

① 《论语·为政》中提出"为政以德,譬如北辰,居其所而众星拱之"。
② 分别出自《荀子·王制》和《荀子·君道》。
③ 出自《墨子·尚贤上》。
④ 出自《墨子·尚贤中》。
⑤ 出自《荀子·成相》。
⑥ 出自《韩非子·说疑》。
⑦ 出自(明)冯梦龙《新列国志》。

子,才有余而德不足,以至于颠覆者多矣。"由此,他提出:"取士之道,当以德行为先。"这应该是有关"德"与"才"的最为经典的论述。清朝康熙皇帝也说:"观人必先心术,次才学。心术不善,纵有才学何用?"①习近平同志多次强调,"什么样的人该用,什么样的人重用,都要把德放在首位"。古往今来,"不患位之不尊,而患德之不崇","德薄而位尊"是用人大忌,品德不端的人被重用,其职位越高、平台越大,危害也越大。奇虎360董事长周鸿祎曾说,"反思过往,有五类员工不能用:张嘴说谎的,自我膨胀的,心胸狭窄的,吃里爬外的,拉帮结派的"。仔细分辨,这五类人的德行都出了问题。

德与才是辩证统一的,犹如支撑"人"字的撇和捺。有德字这一撇,人方为人;无才字这一捺,人难自立。所谓国以才立,政以才治,业以才兴。领导者想要达成目标、实现愿景,必须有人才可用,有优秀的才能作支撑。两汉的察举制、隋唐的科举制对德行、才识、智谋都提出了要求②,何况乎当下?中国共产党历来高度重视选贤任能,始终把选人用人作为关系党和人民事业的关键性、根本性问题来抓,2013年提出的"好干部"标准③,亦可以看作是"德才兼备"标准的进一步发展和细化。正所谓"德才兼备,方堪重任"。

(二) 知人善任、人尽其才

领导在确定了"用什么人"之后,需要思考的就是"如何使用"。"知人善任、人尽其才"是其中最为重要的原则,"知人"才能"善任","善任"才能"尽其才"。

首先是"识人"。识人难,一是难在常有假象。正如诸葛亮所言:"夫知人之性,莫难察焉。""有温良而诈者,有外恭而内欺者,有外勇而内怯者,有尽力而不忠者。"④二是难在人的变化与发展。随着个人年龄、所处地位、外部环境的变化,个体的动机和价值观、认知能力、社会能力、问题解决技能等,都存在可变因素。所以,领导者要提高识人的准确性,不能停留在感觉和过往经验

---

① 出自《清圣祖圣训》卷23《任官》。
② 举孝廉的标准有"德行高妙,志杰清白,学通行休、经中博士,明达法令、足以决疑,刚毅多略、遭事不惑";考科举需"孝悌有闻、德行敦厚、节义可称、操履清洁、强毅正直、学业优敏、文才美秀"等。
③ 2013年6月,习近平在全国组织工作会议上提出"好干部"标准,包括五项:信念坚定、为民服务、勤政务实、敢于担当、清正廉洁。
④ 出自《将苑·知人性》,意思是:天下没有比考察了解人的本性更难的事了。有的人表面温和而内心奸诈,有的人表面勇敢而内心胆怯;有的人表面在尽力做事,实则别有用心,不忠不信。

上,可以借助于专业的测评工具,尤其需要的是近距离接触、多角度观察,全面、历史、辩证地看一个人的一贯表现和全部工作,特别是从关键时刻、重大关头的表现中见人见思想见境界。不拿年龄、学历、经历、专业等一般条件去框定一个人,而是更多去看他干了什么事、干了多少事、干的事是否有助于实现组织目标。人们常说:"千里马常有,而伯乐不常有。"一个人的精力是有限的,伯乐再尽心尽力,其相中的人也有限。对于组织来说,更需要的是制定出相应的机制,让"千里马"自己亮相;对领导者来说,要成为优秀的时钟设计师,而不是报时者。

其次是"善任"。善任的核心在用人所长。"尺有所短,寸有所长",领导者要善于挖掘寸之所长,并合理运用。汉高祖刘邦可谓是用人所长的典范,用运筹帷幄、决胜千里的张良谋划,战必胜、攻必取的韩信带兵,抚百姓、供粮草的萧何保后,终得天下。而自荐出使楚国,说服楚王联赵抗秦的毛遂,一鸣天下之后,却被赵王派去领兵打仗,抗击燕国,结果落得一败涂地,自杀殉国。所以,扬长避短是发挥人最大作用的有效途径,舍长取短的用人方式,必然导致人力资源的浪费,带来事业的损失。所谓善任,就是用当其长、用当其时、用当其位,将合适的人在合适的时间放到合适的岗位上。正所谓"骏马能历险,耕田不如牛;坚车能载重,渡河不如舟。舍长犹以短,智高能为谋;生才贵适用,慎勿多苛求"①。如果"善任"对于个体来讲是扬长避短,对于团队来讲则是扬长补短。

最后是"人尽其才"。人尽其才是知人善任的结果。2019年马云出席巴黎科技大会,谈到阿里巴巴的成功时说:"我对技术一无所知、我对营销一无所知、我对法律的东西一无所知。""我只了解人,我们作为创始人所做的一切:让您的客户满意,带领团队让您的队伍感到高兴,而你就会很快乐。"人尽其才,组织才能成为一池活水,使得大批优秀人才源源不断涌现出来,使得人才的聪明才智能够充分释放出来。正如阿里巴巴,用好了人,才可能是客户满意、团队高兴、领导快乐的多赢局面。当然,人尽其才并不意味着人是完美的,领导用人切忌求全责备。所谓"有大略者不问其短,有厚德者不非小疵"②,德

---

① 出自〔清〕顾嗣协《杂诗》。
② 出自《左传·昭公二十年》中"子产相郑"的历史故事。意思是:有治国才能的人不去过分计较他的短处,口碑好的人不去说他的小缺点。

看主流,才重一技,瑕不掩瑜,看准了的人要大胆使用。领导者不必为下属犯错而感到焦虑,不干事的人是不会犯错的,开拓进取的人才更容易犯错。领导者该揽过时揽过,该担责时担责,既要有魄力用人所长,又要有胸怀容人所短,这是一个领导者的胸襟气度与远见卓识。

(三) 严管厚爱、优胜劣汰

领导用人,要授权、要信任,但也要监督、要考核,做到有进有出、能上能下。这就是"严管厚爱、优胜劣汰"的原则。秉持这一原则才有可能形成你追我赶、奋勇争先的组织氛围,而不是"干与不干一个样、干多干少一个样""少数人干、多数人看"的不良风气。有能力、干得出色,就有丰厚的报酬,就有舞台、有前途、有奔头,这是对人才最好的爱护。领导者如果对所有人一视同仁,那才是最大的不公平。大才大用,小才小用,其中的"度"很重要。比如,通常认为授权是提高组织绩效、激励下属、培养下属的积极领导方式,但也有研究表明授权对绩效的影响很复杂,自我效能感、工作激情和情感承诺、领导成员交换关系、领导信任等众多因素都会使得授权有效性不确定(沈晓寻、王怀勇,2019)。因此,领导不能盲目授权,既要考量与下属之间的信任程度等众多因素,也要进行必要的监督。信任不能代替监督,监督也不能流于形式。

以前常说"用人不疑,疑人不用",现在要讲"用人要疑,疑人要用"。海尔的张瑞敏曾指出,"用人不疑,疑人不用"是小农经济的思想产物,是导致干部放纵自己的理论温床。如果只用而不疑,企业迟早必乱。马云则认为,"用人不疑,疑人不用"是一种无奈,"用人要疑,疑人要用"才是境界(张曦,2016)。

"用人要疑",主要是指用人要有约束和监督机制。人心易变,信用稀缺,疑问在先,才能客观理性地用好人才,才能把可能产生的风险降到最低,避免组织遭受致命伤害,"未雨绸缪"好过"亡羊补牢"。"疑人要用",是组织人才用之不竭的保证。因为了解人的成本很高,很多时候等不及,而且领导者也存在个体的偏好与陈见。所以,用人从"疑"开始,不埋没人才也不浪费人才,既对组织负责,也对员工负责,大家在规则框架内合作共事才能共赢。信任是在工作中慢慢积累的,先有小信,后有大信。建立在"疑"基础上的制度化管理,反而能结出信任之果。

优胜劣汰意味着需要考核评价,考核是一个复杂的体系与过程。比如绩效考核可以包括业绩与行为，业绩考核包括目标业绩考核与职能考核，行为考核包括纪律考核和品行考核等等。无论怎么定考核方案、如何确定 KPI 指标，考核都是一个组织的指挥棒。比如我们党就是通过"德能勤绩廉"五个维度来全面地考察干部。从领导用人的角度看，考核一个人既要看当年也要看往年，最好把过去几年的工作联系起来看；既要看显绩更要看潜绩，看业绩是否经得起时间、实践的检验；既要看绝对水平，也要看动态变化，看到原本的基础与当下的进步。考核要分级分类，不同岗位的人员应有不同的考核内容、考核要求，不能一刀切、一般粗、一个样。考核结果要与薪酬福利、激励约束、问责追责等结合起来，有赏有罚，能者上、庸者下、劣者汰，才能传导压力、激发动力。

四、领导用人的方法

（一）自我修炼引导人

德鲁克认为，领导者除非先做好自我管理，否则没有办法管理别人。毋庸置疑，领导者最为关键而且重要的资源就是自己，以身作则，树立风范，才会具有说服力。领导者或许可以愚弄组织外的人，可是没有办法愚弄组织内的人，领导做出什么行为，组织中的人也会做出什么行为，那么领导者就有可能会腐化整个组织(Drucker, 2006)。研究表明，团队的整体道德素质与领导的道德水平紧密相关，小的道德过失也可能造成较大的影响，它就像一个引爆点，可能导致团队更不道德的行为。而且，不仅破坏性领导行为会对组织和个人产生消极的影响，道德型领导和变革型领导也有可能带来不道德亲组织行为和亲领导的非伦理行为(杜兰英、段天格、李铭泽，2016；颜爱民、曾莎莎，2018)。德鲁克所观察到的企业，成功的与平庸的大多数之间存在的差异就是，经营着成功企业的那些人同时也在自我管理，他们知道自己的优势。所以，领导者必须要时时自省，修炼其身，树立好榜样，让人愿意为你所用。

我们可以来看一下埃隆·马斯克的例子(Davis, 2020)。多年来，他的超凡魅力、胆量与远见使员工和股东们愿意冲破重重障碍，帮助他实现特斯拉和 SpaceX 的目标。但是有时这位首席执行官的行为却令人大跌眼镜。比如，他曾在推特上发布了一条关于特斯拉潜在收购意向的推文——虽然该项收购从未实现，却拉升了公司股价，并迅速引起了美国证券交易委员会的注意。2018年，马斯克曾在一档网络直播节目中抽大麻、喝烈酒，导致特斯拉首席会计官兼人力资源部负责人在几小时后递交辞呈,而公司股价立马下跌了10%。事实上,2018年,陆续有十几位高管离开了特斯拉。不管员工乐意与否,马斯克都会时时向员工做出暗示,他们的领导者是多么伟大,他们的公司是多么声名显赫。但是,如果首席执行官可以公开抽大麻,那管理者该如何教导员工?如果首席执行官可以对股东和客户做出最终难以实现的过度承诺,那又该如何告诉普通员工他们应该怎样工作?难以自我管理的领导者极有可能从积极力量转变为破坏性力量,让组织陷入困境。

那么领导者该如何修炼?首先是学习,从各种不同的、富有挑战性的工作经历中学习。所谓"宰相必起于州部,猛将必发于卒伍""人才自古要养成,放使干霄战风雨"①。再高层级的领导者也需要在实践中不断积累各方面经验和专业知识,增强工作能力和才干。其次是持续的反馈与改进。领导者获取自己行为影响和有效性的相关信息至关重要,不仅要应对变化,还需要改变自己的行为以回应建设性的批评。最后是全面发展,这意味着要走出舒适区,跨越熟悉的、轻松应对事务的状态,接受可能对立的技能和行为,以拓展自我。关于这一策略可能会引发一场辩论,有人认为最大程度发挥长处,成为小而精的"专家"为好,有人则认为各种事情皆要尝试,成为涉猎广博的"通才"为好。这些年来我们党一直在强调加强干部队伍专业化建设,目标是培养又博又专的复合型干部。科学作家Epstein在《范围》一书的观点与这一理念不谋而合,他认为,领导者观察世界的镜头越广,他们的技能、能力和行为储备就越多。他们见识越广,就越有可能在快速变化的世界里领导他们的员工、团队和企业走向成功(Kaiser,2020)。

(二)制度建设爱护人

"没有规矩,不成方圆"。任何一个成功的组织,都离不开规范、系统的制度建设。制度是科学管理的工具,但制度不只是约束和紧箍咒,同样也是对组织和员工的爱护和保护。在每一个看似冰冷的制度背后,都有一个温暖的初衷,设立制度本身,不是为了让员工感到束缚和麻烦,而是为了让员工免受诱惑。看得到限制,才有真正的自由。就像红绿灯的设置,虽然降低了出行速度,但遵循规则,车辆才可能通行,人身安全也才有保障。尤其在当前全球化、

---

① 分别出自《韩非子·显学》和陆游《苦笋》诗。

网络化的环境下,组织需要应对的风险与挑战不仅来自组织内部,也常常来自组织外部。制度设计和制度建设能够帮助组织在管理顺畅、高效运转的同时,有序地、规范地应对外部风险,增强竞争力,得到合作者的信任,赢得发展机会。

邓小平同志曾经明确指出,制度建设很重要,"制度好可以使坏人无法任意横行,制度不好可以使好人无法充分做好事,甚至会走向反面"。制度建设是一个制定、实施、评估、修订的动态过程,对于一个组织来说,没有"最好"的制度,只有"适合"的制度,制度适不适合可能成为组织兴衰成败的生命线。比如有的企业认为制度要越少越好,七条规则够用就千万不要弄出第八条,有的企业则认为制度一定要分级、分类、完善才行。没有绝对的好与坏,对于一个初创期的小企业来说,可能五条规则已足够,可对于一个成熟期的大企业来说,厚厚一本几百页的制度汇编可能还有欠考虑的地方。关键不在于制度的多与少,而在于执行,在于实效,在于是否能得到广泛的认可,被踏踏实实地遵守。对于制度建设,领导者要有系统思维。一项制度出台,如果人们不支持、不配合,背后一定有其原因,可能是关涉利益,可能关涉信心,也有可能关涉个人情感,需要领导者细心甄别,有效化解。比如,有的制度出台的过程,简单粗暴,虽然征求了意见,但是对于大家提出的建议,没有反馈,没有解释,其结果必然引发不满,不满情绪的积累就有可能引发冲突。如果一项制度出台后被大多数人所否定,这对推出制度的部门及其领导的权威是极大的损伤。或者说,这是领导力的失败。实践中,一项制度至少要有70%—80%的成熟度才能推出,而且至少要在所涉及的利益相关群体中采集过意见,并且经过几轮反复讨论之后才能出台,推出后根据运行情况可能还需要再做改进和调整。当然,需要提醒的一点是,极少有制度能够获得百分百的认可和支持,特别是制度的改革或创新过程中遇到的阻力尤其多,这样的制度建设过程就是对领导者的极大挑战与考验,需要勇气和魄力。研究早已证明,真正的领导者不是天生的,战胜逆境的能力并没有写进他们的基因密码。相反,他们是创造出来的,是在危机中铸就的。驾驭组织环境中的不确定性,是今天领导者的核心工作。组织要跟上环境的变化,必要的制度变革不可或缺,只有关注组织成员的成长,让成员能够持续创造价值,才有可能实现。这就好比作家Wallace所说的"真正的领导者"——帮助我们克服个人的懒惰、自私、软弱和恐惧,并促使我们去做比我们凭一己之力能够做得更好、更难的事情(Koehn,2020)。

(三) 文化引领留住人

美国心理学家 Schein(1992)在《组织文化和领导力》一书中对组织文化的定义是:一群人在解决适应环境和内部团结的问题时习得的、成体系的一系列基本预设。这些预设在实践中卓有成效,所以被传授给组织新成员以作为理解、思考和感受相关问题的正确方式。文化最本质的部分就是组织成员所共享的价值观、态度和行为方式。而这些"基本预设"离不开在组织中起主导作用的那些人,因为我们会学习、听从于他们——这些主导者,就是领导者。文化和领导力可以看作是一个硬币的两面(Schein,1992)。通常,在发展初期,组织文化大多未经设计和提炼,更多的是创始人的个人风格和信念。随着组织的发展,创始人的个人风格和对组织有价值的思考、行为方式会沉淀下来,成为文化中的一部分。这就好比从最初的"独孤九剑"到今天的"新六脉神剑",阿里巴巴的文化中带有鲜明的马氏(马云)风格;而华为所秉持的"以客户为中心、以奋斗者为本"核心价值观则带着浓郁的任氏(任正非)印记。当组织文化被定义、被设计、被管理的时候,就沉淀为组织领导力。文化落地的本质就是由"信念(包括使命、愿景和核心价值观)"向"行为习惯"的转变,而这个转变是通常是由制度来保障和强化的,尤其是考核制度。正如阿里巴巴曾经的传奇人物张卫华(欧德张)所说,"企业文化不洗脑,不搞个人崇拜,不把人工具化,最大限度容纳多样性,鼓励大家用常识思考,这是关于人性的启蒙和点亮,去焕发人性最本质的光芒"。

文化是一种典型的团队现象,是在组织内自然孕育出来的,不可复制。文化是组织的"软实力",不是"面子工程",不是任何"包装"的学问,更不是贴在墙壁上的标语,而是发自内心的信仰与坚守。所以,真正的文化是隐含在组织成员中的潜意识。真正强大的组织其文化就如磁石一般,可以自然吸引到合适的人加入旗下,并且全情投入工作,而无需为员工缺乏工作动力而烦恼。Glassdoor 网站不久前的一项研究结果表明,77%的人在应聘之前都会先对相应企业的文化进行评估,且有 56%的人认为企业文化比报酬更加重要(瓴君,2020)。组织文化不是一朝一夕可以打造出来的,领导为文化建设所做的一切努力,长期而言都会获得丰厚的回报。

真正具有影响力的领导者，一定会致力于组织文化的引领。文化是组织的免疫系统，我们无法在一夜之间改善人性，但强大的文化可以保护组织免受任何破坏行为的侵害。因此，当员工越来越多以后，领导者在用人时，必须时刻记得要去寻找并留下那些可以为组织文化建设助力的人。特别是初创组织的领导人，一定要清楚，前100个员工将决定组织的文化及组织的成败。

组织文化不是一成不变的，而是与时俱进，不断迭代、更新。不同的领导者，组织发展的不同阶段，造就不同的文化。近年来，《奈飞文化手册》很火，作者是奈飞公司的前任首席人才官Patty McCord。然而号称"硅谷管理圣经"的奈飞文化，一开始被写在一份名为《文化集》的PPT上，简单的100多页，连一点多余的修饰都没有。对此，很多人不理解。Patty回答说：文化就是要不断演进的，奈飞的文化也是经过了十几年的演进才成为今天的样子。将其做成可修改的PPT格式，就是不希望人们误认为文化是一成不变的，它是可以不断被修改和完善的（行走的帆，2020）。与此同时，"持不变之经，达万变之易"（曾仕强，2015），所有的变革和创新，是在不变的基础上发展而来。优秀组织所坚守的初心，将被刻入文化基因而得以传承。

卓越的领导者就像一面旗帜。人们不是为这面旗帜而战斗，而是为这面旗帜所代表的意义而战斗。这个意义就蕴含在组织文化当中。伟大的领导者明白这个道理，他们不是在经营人力资源，而是把价值和意义赋予人们。关注组织目标的同时，不忽略"人的价值"，领导用人的本质才会得以呈现。

第八章

领导与执行

在领导行为中,决策与执行两个环节不一定完全由两批人分别实施,领导者在扮演决策者角色的同时常常也参与执行,如果执行者参与到决策过程,就能更好地领会贯通决策的意义所在。因此,不能截然地把决策的责任划给领导,把执行的责任划给下属。领导者力争作出科学决策是为了有效执行并实现领导目标。自上而下定目标,自下而上要行动。执行是目标与结果之间的桥梁(博西迪等,2016),因此,决策只是完成领导决策活动的第一步;第二步是领导者开展决策之后选拔任用和激励追随者,也即用人;第三步是追随者将领导决策付诸实施,也即执行。

一、执行研究的相关理论

人们经常提到的执行,主要意思都是保质保量地完成任务,但针对不同情境又是在不同层面来说的。从公共行政角度看,属于行政范畴;从决策角度看,属于执行范畴;从领导者角度看,属于领导范畴。三者的另一个区别在于程序化程度差异:公共行政的程序化最高,是对政治的执行;决策执行的程序化中等,是对上级或领导决策的执行;领导者领导的程序化最低,是领导者亲身参与执行过程。

(一)行政执行的相关理论

根据作为西方公共行政学基础的政治-行政二分法,政治是国家意志的表达,行政是国家意志的执行(古德诺,1900)。从这个角度来看,公共行政学研究的就是执行环节。这里的执行概念是非常宽泛的,从政府职能出发,将执行涵盖到政府行政活动的整个过程。

1. 威尔逊的政治-行政二分法

作为现代公共行政学开创者,美国第28任总统伍德罗·威尔逊(Thomas

Woodrow Wilson)在1887年发表的标志性文章《行政学研究》中提出:"公共行政就是公法的明细而且系统的执行活动。"行政学"将力求使政府不走弯路,使政府专心处理公务、减少闲杂事务,加强和纯洁政府的组织机构,为政府尽职尽责带来名誉"(竺乾威,2008)。后世虽对该观点多有批评,但无法绕开它。比如西蒙抨击政治-行政二分法和行政原则,并提出一种以决策为中心的行政理论,但他最终并未摆脱传统行政学的框架。

2. 古德诺的政治与行政理论

美国公共行政学家弗兰克·J.古德诺(Frank Johnson Goodnow)(1900)在《政治与行政》对威尔逊的政治-行政二分法做了进一步阐述与发挥。他认为,民主国家的主要职能只有政治和行政两种,司法仅是行政的一小部分,因此三权分立的学说并不符合实际,他要以政治与行政的两分法取代立法、司法、行政的三分法。行政学主要研究政府的行政效率,使用方法或技术的标准。"政治与指导和影响政府的政策有关,而行政则与这一政策的执行有关"。国家意志的表达和国家意志的执行之间需要协调一致。该理论将执行放在一个宽泛的框架下进行思考,有助于行政领导者开阔视野、提升高度。

3. 奥斯本和盖布勒的企业家政府理论

美国新公共管理学代表人物戴维·奥斯本(David Osborne)和特德·盖布勒(Ted Gaebler)在《改革政府》(1993)一书中提出企业家政府理论。面对迅速变化的信息社会及知识经济的挑战,"为了使我们的政府重新变得有效,我们一定要重塑政府"。为此,政府应"掌舵而不是划桨",政府应该集中精力做好决策工作,而把具体的服务性工作承包给私营企业和非营利性机构去做。他们提出,要用企业讲效率、重质量、善待消费者和力求完美服务的精神,来改革和创新政府管理方式,使政府更有效率和活力。该理论将政府决策和其他机构执行两者区分开来,旨在追求高效执行。

4. 登哈特的新公共服务理论

美国公共行政学家罗伯特·登哈特(Robert B. Denhardt)等(2010)认为,公共行政官员的行为应聚焦在"服务而不是掌舵",在公共组织管理和公共政策执行过程中,主要承担为公民服务职责,帮助公民表达和实现他们的共同利益。登哈特提出"公共行政是一门行动的学问",注重人们在公共组织中的真实经历和实现有效管理所需的专业技能。在登哈特看来,行政管理者不仅仅去促进公民参与公共事务,而且还参与执行具体项目。该理论有助于建立一种以公共协商对话和公共利益为基础的公共服务行政,使得执行职能回归政府本身。

政策执行是行政执行的主要组成部分。政策执行是对政策资源的有效调配,是对人力、物力、财力、信息力等的综合运用(谭英俊、黄山楠,2014)。政策执行有三个视角:过程的、行动的和组织的(张昕等,2019)。过程的视角是把执行视为公共政策的一个环节,行动的视角意味着政策与执行的设定及如何完成它们的互动过程,组织的视角关注组织及组织之间的安排来执行和提供公共政策。

(二)决策执行的相关理论

决策与执行在领导工作中属于紧密相关和相互渗透的。领导者在思维上要清楚两者紧密相连,原因在于:执行应该包含于决策之中,不考虑执行的决策很难称为好决策;决策的正确性与合理性要通过执行来检验。决策的同时就要考虑执行的可行性。传统金字塔结构组织下,决策与执行的职能区分比较显著,当今组织形态变革对决策与执行的职能区分产生影响,有主体一致化趋势。华为公司的名言"让听得见炮声的人来决策"就反映了新型组织形态下决策与执行是紧密结合的,员工能力、领导风格和管理系统等要素都要支撑该理念的实现。

1. 王阳明的知行合一思想

中国古代心学融儒释道三教,王阳明是心学集大成者。王阳明提出"致良知"学说,提倡"知行合一",知中有行,行中有知。知的真切笃实就是行,行的明察精觉就是知(度阴山,2014)。明嘉靖年间,晚年王阳明奉命平定广西"思田之乱",面对当地混乱不堪的局面,王阳明很快厘清了这一团乱麻,再发挥心理战术,一举攻破贼窝,可谓知行合一的成功实践。不过,"知行合一"思想过于强调言心言性,容易忽视对客观知识的学习和执行中的实事求是态度。

2. 本尼斯的领导决断三阶段理论

美国领导力大师、有"领导力之父"之称的沃伦·本尼斯(Warren G. Bennis)与其合作者诺埃尔·蒂奇(Noel M. Tichy)在《决断》(2007)中提出,有效领导取决于正确的决断,决断分为准备、决策、执行三个阶段,而不是一个结果。执行阶段分为行动与调整。行动是努力去促成,一旦做出决断,就要迅速地、专注地去执行,而不是反复纠结于决断本身是否正确。其次要持续地调整,哪怕再英明的领导也可能做出错误的决断,所以在执行时要阶段性地来评估决断的执行情况,并针对决断进行调整。正如本尼斯等断言,正确的决断必须产生令人满意的结果(本尼斯、蒂奇,2007)。

3. 马斯金的机制设计理论

美国博弈论大师埃里克·马斯金(Eric S. Maskin)将博弈论引入了机制设计。有别于传统理论认为应由一个中央计划者命令人们怎么去做,马斯金的理论是设计好一个机制,让人们都为了自己的利益做事情,在这样的机制引导下行动(Maskin,1999)。海尔集团将每位员工视为创业者,打造大量相对独立的小微组织,每个小微都能自主做出决策,每位员工都直接对用户负责,这种理念与马斯金的机制设计理论是一致的,目的都是让公司的动机与员工的动机达到一致。该理论对领导者的启示是,通过良好的制度安排可以实现员工自发行动。

4. 凯勒曼的追随力理论

追随力是指上下级之间的关系,以及上级对追随者的行为反应。现实世界中的追随者具有影响力,只要他们扮演支持者的角色、打破层级,或者什么都不做,他们就会产生影响(Kellerman,2008)。对追随的判断有两个维度:独立还是批判性思考;消极还是积极(Bryman et al.,2011)。追随者在执行决策的过程中具有一定的选择空间。经典电影《窃听风暴》中的维斯勒在执行窃听任务过程中逐渐改变立场,转而保护被窃听者。这些都说明执行者需要良知,它是道德的最低标准,也是法律的底线,是行为与理智的捍卫者。

(三)领导执行的相关理论

执行是企业领导者的主要工作(Bossidy, Charan and Burck,2002)。领导执行是领导者带领下属快速有效地完成上级指定目标任务的能力,也包括完成领导者自己制定目标任务的能力(郑传贵,2017)。这里阐述领导者进入执行环节的领导执行相关思想和理论。

1. 孔子的领导表率思想

中国古代思想家孔子对执行做过不少阐述,比如"其身正,不令而行;其身不正,虽令不从""不在其位,不谋其政"(《论语》)。这些论述的启示是,领导者是团队的中坚力量,要增强执行力。如果领导者行为端正,能够率先垂范,对下属自然起到带动作用;如果领导者行为不端正,只去要求下属行为端正,下属很难真正服从。只有领导者带头执行,才会对下属产生榜样力量,才会形成上下同心协力的良好工作局面。汉末诸葛亮治蜀期间,在用重典的同时,以身作则,严格要求自己,同时努力扶植农民发展生产,多管齐下,才使得被执法者心服口服,刘备集团在益州站稳脚跟。

2. 蒂奇的教导型组织理论

美国领导力专家诺埃尔·蒂奇(Noel M. Tichy)(2002)目睹并亲自协助了杰克·韦尔奇(Jack Welch)在通用电气发动变革,他把韦尔奇的成功归结为韦尔奇把通用电气打造成"教导型组织"。在这样的组织中,不仅领导者在教,而且每个人都在教;不仅每个人都在教,而且每个人都在学。当然,CEO 是最大的老师。比如,当韦尔奇接手通用电气时,公司总部有 200 名战略计划人员,分公司领导的战略计划是揣摩总部意图而做,他首先解雇了总部几乎所有的战略计划人员,只留下 6 人,然后告诉分公司领导,战略会议将以非正式的、互动的圆桌会议的方式进行,不是一个人说,另外的人批评,而是大家一起讨论,共同贡献思想。由此,韦尔奇创造了一个教和学得以实现的环境(刘澜,2009)。

3. 马奇的堂吉诃德式领导力

美国组织决策大师詹姆斯·G.马奇(James G. March)是决策理论代表人物西蒙的同事与亲密合作者。马奇开创了领导力的人文范式,在此领域以对经典文学作品的领导力探讨而著称。马奇虽不认为堂吉诃德(Don Quixote)是一位好领导,但可以向他学习如何看待伟大的行动。堂吉诃德崇尚想象力、承诺和快乐。他不仅有机会通过创造一个尊重个体和人类的现实世界而为一个美丽的世界做出贡献,同时有机会通过行动更好地认识自己。堂吉诃德的局限是只关心自己,不关心别人的真实需求。倾向于只关注行动的意图,忽视其后果(March and Weil,2009)。项羽是一个堂吉诃德式的英雄人物。他有自己的理想和抱负,追求的是自己内心的渴望,骁勇善战,最后成为失败的英雄。从马奇的理论来看,这个世界需要堂吉诃德和项羽。

4. 海菲兹的解决适应性问题

美国领导力专家罗纳德·海菲兹(Ronald Heifetz)把领导者面临的问题区分为技术性问题和适应性问题。技术性问题能够以现有的知识和程序加以解决。适应性问题要求新的学习、创新,以及新的行为模式。从这个观点出发,领导是动员人们应对适应性挑战的活动,提高领导者应对变革能力。变革领导者需要面对新情况、新挑战形成自己的新经验体系,不断地总结过去变革的经验与教训、汲取标杆组织的变革经验与教训,学习好坏两方面的经验(杨国庆,2014)。20世纪90年代曾成功带领IBM再度走向巅峰的郭士纳除了为IBM制定战略外,还亲自参与整个变革过程。郭士纳在解决适应性问题、重整IBM的过程中表现出非凡的执行力。郭士纳的成功同样证明,领导者不仅在决策时要考虑执行,而且要亲身参与到执行中去。

二、组织执行力的核心流程

组织执行力是组织能够高效地实现组织目标的能力。《执行:如何完成任务的学问》(Bossidy, Charan and Burck, 2002)一书中提出战略流程、人员流程、运营流程,比较准确地概括出组织执行力的分析框架①。战略流程解决的是方向问题,运营流程解决的路径问题,人员流程是两者的桥梁。

(一)组织执行力的战略流程

战略流程界定的是发展方向问题,具体来讲主要解决三个问题:为组织赢得更多客户,建立可持续竞争优势,为(企业)股东创造丰厚的回报。战略定义了一个组织的发展方向。一个组织没有战略并非不能成功,但若没有战略就很难持续成功。制定战略阶段就应请有关人员一起参与,如执行人员、影响人员、领域专家等。

美国管理学家罗伯特·卡普兰(Robert S. Kaplan)、戴维·诺顿(David P.

---

① 国内流行且影响很大的另一本以保罗·托马斯、大卫·伯恩两人名义所著的《执行力》,也遵循同样的分析框架。该书已经被证实是伪书,其流传甚广的研究框架其实是模仿《执行:如何完成任务的学问》一书的。

Norton)(2004)在平衡计分卡的基础上提出战略地图,对组织战略进行动态描述。战略地图是实现战略制定者与执行者有效沟通的载体。它让组织有了衡量战略的基础和前提,能有效地传达取得未来绩效的关键成功要素是什么,以及如何通过对客户服务、内部运营、学习成长等方面的关注,来确保企业长期价值的实现。战略地图通过各层面战略主题对传统战略规划的关键举措进行整合,并描述各自之间的因果逻辑关系。

若是面对不确定性很强的新制度、新政策,在出台时最好先进行试点。试点有三种类型:内容上看可以先找一个或多个工作领域,地点上看可先找几个或多个地点作为试点,时间上看可先后找几个时间节点逐步推进。允许一部分地方试点,既积累经验,又保护了基层的积极性,无论是地方还是企业的基层都有动力。有些决策风险比较大,不确定外界的意见,就可以有一个"探风"的过程。有关领导者会利用耳语来传送"风向球"做试探,然后根据外界反应来考虑某项计划是否实施。比如通过有关人士向媒体"透露"一些传闻。假如公众反应不错,就正式出面证实传闻的真实性。假如公众反应不好,就正式出面否认,然后改变该计划。这样做是让那些有风险的决策有回旋余地。

战略流程需要对掌握的资源进行统筹考虑,如果决策者对某一事物的过分追求超出自身资源掌控范围,容易发生决策冒进,甚至违反程序,从而使得执行失败。20世纪90年代初,广东省珠海市领导层决心建造"全国最大最先进的机场",于是直接拍板投资40亿元(总造价69亿元)建设珠海国际机场。珠海市为这项过于超前的决策吞下苦果,拖欠的巨额债务迟迟没有能力偿还。"先斩后奏"酿成了决策失误,执行的后果可想而知。

(二)组织执行力的人员流程

人员流程是对战略执行过程中人员因素的界定。将组织战略付诸实施,人的因素至关重要。组织中的人员可以分为四种类型:① 领导者,承担"领路人"的角色;② 中层干部,发挥"桥梁"的作用;③ 业务骨干,发挥"中流砥柱"的作用;④ 普通员工,发扬"蜜蜂"的精神。领导者要注重把员工个人能力转化为组织能力,保证离开关键员工之后仍然能够正常完成任务。

在战略制定与实施过程中,员工的角色是多重的。通常员工扮演如下几重角色:首先是信息提供者,决策需要大量准确而又全面的信息,很多信息来自员工；其次是参与者，参与战略制定，在其中发挥积极作用，如出谋划策、建言建策等；再次是旁观者，有时不需要员工参与，或者与某些员工无关，这是员工的旁观者角色；最后是执行者，战略最终还是需要员工来执行，并在执行过程中接受检验。

员工在执行中经常遇到障碍，常见的有技术障碍、管理障碍和心智模式障碍等，从而产生执行偏差。领导者要帮助下属排除障碍，致力于把他们培养成为合格乃至优秀的执行者，执行前与员工对执行事项与完成标准达成共识，以激励机制推动下属有效地执行，培养下属"执行高于一切"的意识，当好下属的执行教练，传授经验以提升下属的执行力等（魏长青、王淑贤，2011）。海尔公司在全体员工中提倡"日事日毕，日清日高"，时刻提醒大家，要有强烈的责任心，增强执行力。领导者要安排合适的人数去执行，人员超出执行需要反而造成内耗。领导者对下属的执行要多给方向，少给方案，防止责任从下属身上推卸到领导者身上。

用合适的人来执行战略非常关键。对北宋王安石变法，后世褒贬不一，其变法的初衷是好的，但执行中发生了很多偏差，甚至导致某些结果比不改革更糟糕。王安石手下缺乏坚定不移的支持者和足够多的人才去合理地执行这项工作，是变法失败的关键因素之一。一些执行者也不在乎变法的对与错，只要对自己有利的事情就不择手段地去做，并不在意自己究竟是属于变法派还是反对派。如果有合适人才，领导者即使决策失误或不完整，也会有人才补救或改正。战国末期，秦王嬴政听信谗言，下令驱逐客卿。李斯在临行前主动上书劝说秦王不要逐客，写下流传千古的《谏逐客书》。秦王驱逐异国客卿的错误决策被李斯纠正，为秦统一六国做出正确的人才决策。

随着人工智能科技的发展，传统的员工岗位越来越多地被机器人所替代，机器人管理员工的时代也悄然开启。2019年4月，世界科技巨头亚马逊CEO杰夫·贝佐斯（Jeff Bezos）正式对外宣布：今后亚马逊的员工是去是留，完全由一个没有感情、冰冷的自动化机器人全权操控。亚马逊构建的AI系统，可以追踪到每一名员工的工作效率，一旦发现有明显违规可能做出解雇指令，解雇理由显示"工作效率太低"。自动化监管是未来大势所趋，在这种机器控制的高度自动化情境下，对员工执行的要求更加严苛无情，似有一种回归科学管理的意味。在这种机器代替人力的大趋势下，如何发挥人机共生的合力效应，成为未来探索的空间。

(三) 组织执行力的运营流程

运营流程为开展工作提供了明确的指导方向。它把组织长期的目标分解为任务并开展执行。制度旨在解决执行中的激励和约束两个问题,是运营的重要依据。制度不是死板的文字,而是活的游戏规则。增强制度执行力是运营流程中的一个必然要求。

有时,上级只从自己的角度进行决策,常常带有理想化倾向,不太考虑下级的具体情况,并且理所当然地对下级发号施令,结果往往导致执行效果并不如意。如果主要由于客观原因而普遍做不到,上级规定不妨模糊一点,给基层执行留出余地。即使是正确的决策布置给下级时,也要考虑下级具体情况,并做出相应的安排。一般来说,常常有如下客观情况会导致下级对正确的决策执行起来困难重重:① 下级工作头绪很多,工作量很大,这时即使安排了新的工作任务也难以顾及。基层人员经常反映,工作头绪太多,常有疲于奔命、顾此失彼之感。② 下级人手很少,如果决策需要很多人手来执行,很显然要考虑下级的人手因素。③ 下级缺乏足够资源来执行,比如其他有关部门不一定愿意积极配合、没有足够的经费来实施等。④ 下级领导还需面对自己下级的工作积极性的调动等问题。⑤ 因为新政策过于复杂而导致下级短期内不能理解。⑥ 由于政策执行对象抗拒等原因而导致无法执行。因此在决策过程中,执行部门要深入参与其中,将一部分在执行中可能遇到的问题消灭在决策过程中,否则很容易造成未来执行的不力或偏差。

另外,还有一些主观因素制约员工对战略的有效执行:① 没有理解。员工常常没有直接接触战略,如果没有充分地宣传教育,员工有时很难深入理解。② 缺乏估计。对执行过程缺乏正确预期和心理准备。③ 没有激励。工作中激励不足,是员工执行无力的重要原因。④ 缺乏认同。这里主要指的是对领导者没有认同,就不愿意执行来自领导者的指令。⑤ 政策复杂。有时政策设计为了堵住漏洞,会有比较复杂的内容,负责执行的基层员工如果没有充分学习,就会导致无法执行到位。⑥ 没有信心。员工个人自我效能不足,在执行中畏首畏尾,导致无法执行到位。

员工在工作中如果遇到导致暂时完不成任务的巨大难题时,可以设计如下运营流程提供方案:① 寻找原因。首先要找到不能执行的根源在哪里。

② 请示汇报。将无法执行的情况及时向上级请示汇报。③ 上级指导。上级常常会对下级所报的问题做出指导。④ 做冷处理。如果暂时未得到上级建设性指导,员工可先暂停执行。⑤ 继续沟通。根据需要与上级保持沟通,直至取得解决方案或共识。

当员工在执行现行政策过程中,发现有些政策明显不合理或者不符合实际情况时,可以设计如下运营流程提供进行解决:① 一般遵照。政策具有刚性,所以一般的政策执行者都需要不打折扣地执行。② 暂停执行。假如执行政策可能导致严重或不可逆转的不良后果,就要立即暂停执行。③ 紧急汇报。执行者紧急向上级汇报情况,请上级做出指示。④ 注意收集。执行者平时注重收集执行中的相关情况,既为自己工作积累经验,也为上级决策提供信息。⑤ 解释说明。必要时与执行对象进行沟通解释,尽量取得对方的理解。

数字化时代,组织的边界越来越模糊,跨界生存成为必然。数字化时代存在一个本质性的问题:组织的绩效不再由组织内部因素决定,而是由围绕在组织外部的因素决定,比如环境的不确定性、合作伙伴、跨界的对手、全新的技术等。这些外部因素对于组织的影响,已经远远大于组织内部的因素(陈春花、朱丽,2019)。OKR(objectives and key results,目标与关键结果)是在外部动态不确定环境下实现员工主动做事的工具。主要在互联网行业盛行的OKR旨在帮助企业在对其发展最关键的方向上保持专注,通过集中优势资源,在最重要的地方取得突破。OKR 由英特尔公司创始人安迪·葛洛夫(Andy Grove)发明,由约翰·道尔(John Doerr)引入谷歌使用,1999 年 OKR 在谷歌发扬光大(道尔,2018)。OKR 有四大利器:聚焦、协同、追踪和延展。聚焦是对优先事项的聚焦和承诺,协同是团队工作的协同和联系,追踪是责任追踪,延展是充分延展进而挑战不可能,它们保障了 OKR 在全体员工中能够顺利开展下去。

三、个体执行力的提升策略

执行力既与组织有关,也与个体相关。中层和基层员工在组织中的重要职责是执行,在执行过程中,员工个人不要看自己为组织付出了多少,而是看自己为组织创造了多少。不要比付出,而要比创造。员工对组织最大的忠诚是创造高绩效。以下介绍一些常见的个人执行力管理工具与提升策略。

(一) 个人时间管理

个人的时间放在哪里,成就就会在哪里。时间管理与其说是一种方法,不如说是一种习惯。重点不是快做多做,而是把时间用在适当的地方,做得多不如做得对。重点不是你能做多少事,而是能把该做的事做好。每个人把时间用在自己最具优势的领域才能达到最佳效果。下面提供几个实用的时间管理工具和理念。

1. 要事第一

"要事第一"源自史蒂芬·柯维(Stephen Covey)的畅销书《高效能人士的七个习惯》中的习惯三:要事第一——自我管理的原则。"要事第一"是通过独立意志的发挥,建立以原则为重心的处事态度,进而达到有效的自我管理(柯维,2002)。后来,柯维等又在此基础上出版了《要事第一:最新的时间管理方法和时间控制技巧》(柯维等,2013),对以原则为中心的时间管理方法进行了阐释,用一句通俗的话表述,就是"不要用战术上的勤奋掩盖战略上的懒惰"。

"要事第一"的一个关键工具是重要紧急原则。很多人把绝大部分时间用于做紧急的事情,理由在于他们需要立刻处理。但是这种以紧急性为主要判断标准的行为并不妥当,其实重要性才是主要判断标准。那些善于做时间管理的人,总是能够把重要性作为自己投入精力的主要标准。

2. 番茄工作法

番茄工作法是一种劳逸结合的具体时间管理方法,需准备的工具包括一个番茄计时器和几张表格。番茄计时器为番茄形状的闹钟比较适合,网上也有很多番茄工作法软件。选择一个待完成的任务,设置番茄时间(一般25分钟),专注工作,中途不允许做任何无关的事,直到番茄时钟响起。以此类推,直到把某项任务完成,然后接着下一项任务。

1992年创立番茄工作法的弗朗西斯科·西里洛认为,番茄工作法的精髓是:① 一次只做一件事,保持专注;② 按照轻重缓急程度分解目标任务,高效完成;③ 做完一件划掉一件,增加成就感,避免半途而废;④ 整理杂乱无序的工作事项,克服拖延症;⑤ 持续改善时间管理能力,让优秀成为一种习惯(西里洛,1992)。

番茄工作法的目的是实现长时间高效做事与短时间高效休息的合理搭配,以此达到工作中的劳逸结合,让个人的精力始终保持在一个较高的水平。番茄工作法是时间管理的登堂入室之学,通过这样一种非常简单直接的方式,将很多根本不懂得如何管理时间的人领进了时间管理的大门。

3. 尽管去做

"尽管去做"(getting things done,GTD)的要义是:必须记录下来要做的事,然后整理安排自己一一去执行了。GTD 有五个核心原则:收集、整理、组织、回顾、执行。它的两个关键步骤是列出待办事项和完成事项的清单,前者强调目标,后者展示成果。通过回顾记录,个人就可以了解自己的时间都去哪里了。

GTD 被称为"无压力",因为在做的时候,不要再伤脑筋去想着其他事情了;所有的事情基本都在 GTD 系统里面,或者即使没有在系统里面,一般情况下就算出现也无伤大雅,可以纳入系统或者及时处理。

(二) 个人目标管理

进行时间管理时,人们不是为了管理时间本身,而是为了完成目标。因此不能把时间管理只专注在时间上面,而要与目标紧密结合。对目标主要讨论的是必要性,而非讨论合理性,因为目标合不合理,关键看资源。执行中主要靠目标去牵引前进,相信明天更美好,才会在今天更努力。目标管理是一种工具,也是一种面向未来的舍弃,其宗旨是使得个人切实承担起责任。目标管理的工具和理念很多,这里略举几个。

1. 5W2H 分析法

5W2H 分析法是一种调查研究和思考方法,它用五个以 W 开头的单词和两个以 H 开头的单词设问,用于多角度思考与分析问题。其内容是:① what——是什么?做什么?② why——为什么要做?可不可以不做?有没有替代方案?③ who——谁?由谁来做?④ when——何时?在什么时间做?⑤ where——何处?在哪里做?⑥ how ——怎么做?方法是什么?⑦ how much——多少?做到什么程度?数量如何?

如果某种做法、产品或服务能够通过这七个问题的拷问,基本上可以判断是有实现可能的。如果无法回答这七个问题的一个或多个,则可能需要重新审视并完善。

2. 甘特图

甘特图主要是用来记录项目执行进度的工具,通过制定一个完整地用条形图表示进度的标志系统,形象地表示出特定项目的活动顺序及相应所需的时间。甘特图的横轴表示的是时间,纵轴表示的是任务或项目,线条则表示在整个计划和实际的活动完成情况。

甘特图最初主要用于项目性的工作。通常一个项目由若干个项目节点(任务)组成,各阶段任务间又有一定关联,就可以通过甘特图来展示和掌握项目进度。人们可通过甘特图弄清一项任务或项目还剩哪些工作要做,同时可以评估各项工作进度。如果把每件事都看作一个小项目,甘特图就可以被应用在个人目标管理和执行进度上。使用这个工具,能帮助人们关注到目前事项的进度,得到亲眼看见目标与计划慢慢被实现的满足感。

3. GROW 模型

作为一种目标管理模式,GROW 模型由四个步骤组成:第一步是 goal(目标),厘清自己期望的目标或实现标准是什么;第二步是 reality(现状),围绕目标搜索相关事实;第三步是 option(选择),探寻备选方案并从中选择;第四步是 will(意愿),阐明行动计划并付诸行动。其中目标可以分为期待、方向、里程碑和标准等含义,每一种含义不同,使用的管理方法也不同。

GROW 模型常用于咨询、教练等领域中,也可用于个人成长计划。英文单词 Grow 原意是"成长",正好印证该模型作为帮助个人成长的思维工具。GROW 模型有助于从混乱的事务中理清思路,盯住真正的目标并为之努力。

(三) 个人效能管理

效能主要指办事的效率和工作的能力。从个体执行力角度来讲,效能就是激发个人积极性和创造性,提升办事效率和工作能力,保证上级政策与决策贯彻的程度。围绕执行力产生了一系列个人效能提升的流行畅销书,以下列举三个常见的个人效能管理理念。

1. "把信送给加西亚"

《把信送给加西亚》是美国畅销书作家阿尔伯特·哈伯德(Elbert Green

Hubbard)根据安德鲁·罗文的亲身经历所写的一部作品①。美西战争期间，年轻中尉罗文在接到麦金利总统的任务——给西班牙的反抗军首领加西亚将军送一封决定战争命运的信后，他没有提出任何疑问，而是以其绝对的忠诚、责任感和创造奇迹的主动性，完成了一件看似"不可能完成的任务"。

在"把信送给加西亚"语境下，"送信"已成为人们忠诚、敬业、服从、信用的象征。作为员工，对上级交代的任务，立即采取行动去执行，不要过多地去问为什么，不折不扣。执行过程中，勇敢面对未知的世界和遇到的困难，尽职尽责。当没有现成的办法执行任务时，积极主动地创造出办法，完成任务。

从辩证的角度来看，"把信送给加西亚"故事中也有诸多需要加以辨别之处，比如忽视领导的指导职责、缺乏应有的沟通、没有注意可能的战场变化等。作为领导者，负有讲清任务和指导赋能的职责，不能任由下属独自在黑暗中做无谓的摸索。如果一位领导者过于迷信"送信"，可能就会放弃自己应有的职责而使得执行归于失败。

2."没有任何借口"

"没有任何借口"理念被一系列培训和管理畅销书所宣扬，主要围绕严格纪律要求基础上的职业精神②。"没有任何借口"同类畅销书主要引入据说来自西点军校的军事化要求，反映的基本上都是同类职业精神，比如敬业、责任、服从等。

"没有任何借口"理念作为个人自我管理的手段，能够激励自己更积极地开展工作和解决问题。它强调每一个人都应想尽办法去完成任务，而非为没有完成任务去寻找任何借口，哪怕看似合理的借口。该理念促使个人无论成功概率多小，都能坚持不懈，以培养个人不惜任何代价获取成功的精神力量。

"没有任何借口"常常也被很多领导者借鉴，引入企业和政府等组织的员工培训与管理中，作为对员工的要求，或希望借此打造高执行力团队。这种做法常被认为是领导者为找借口用的。从方法论角度来看，适用于局部的，不一定也适用于整体；组织业绩不好，领导者负首要责任；而且组织管理非常复杂，不能简单地以一种强制性概念来统领全部，否则很容易陷入管理误区。

---

① 书名为《把信送给加西亚》《致加西亚的信》的各种中文版本鱼龙混杂，数量达几十种之多。

② "没有任何借口"相关中文版本有很多，大多被证实为伪书。真正原版引进的是布瑞斯·巴勃《没有任何借口——美国游骑兵精英的行为准则》(中国社会科学出版社2004年版)。

3."细节决定成败"

"细节决定成败"理念同样被一系列管理畅销书所宣扬,其中以汪中求作品最为著名(2004)。该书阐述了大量容易被忽视却又影响成败的细节,揭示了"伟大源于细节的积累"这一道理。

从做人、做事、做管理,处处体现了细节的重要性。"细节管理"就是坚持做好小细节,人生和事业就成功了。所谓不平凡的事情,就是能坚持不懈地做好平凡的事情。为此,人们需要改变心浮气躁、浅尝辄止的毛病,做精益求精的执行者;做规章条款不折不扣的执行者,注重细节、把小事做细。

对细节很重视的人通常比较靠谱,对于事情的结果也往往精益求精,但是很多时候具体工作其实不需要做到某个程度,过度迷恋细节会牺牲掉一定的效率并浪费一定的精力;影响成败的因素非常复杂,如果执行过程中过于追求细节一个因素,容易忽视其他重要因素,比如方向、习惯、品德、创新、经验等;细节可以决定"败",但"成"往往并不能由细节决定;另外,判断人才主要从大局角度来看,人才常常不拘小节,如果仅仅从局部细节去判断一个人,难免有以偏概全之嫌。

除了上述三种之外,相关的还有"谁动了我的奶酪""你在为谁工作"等理念,对于这些理念需要辩证地看待。它们对于个人意愿与执行力提升能够起到一定的作用,不过如果从领导角度过分强调这些理念,则容易给人以推卸领导者所应承担的职责之嫌。另外,这些理念还需要结合综合素质能力和个人管理技巧,才能达到个体执行力整体提升的效果。

第九章

领导力测评

选择有效的领导者对团队、组织和国家而言,都是一个重要的议题。然而,挑选出合适的领导者并非易事。研究者对领导力有着不同的定义,同样,人们对领导者所拥有的知识、技能、能力和其他特征的期望也存在差异。研究表明,在不同的组织层次上,成功的领导需要不同的领导技能。领导力测评不仅是各类组织选拔评价领导者的一种手段,也是管理者提高自我认知、确定发展方向的重要参考依据。

一、领导力测评概述

领导力测评是关于领导者或管理者的领导力或领导素质的测评。"测评"的意义包含测量和评价,即通过考试和测量等手段对领导者进行评价的过程。

(一) 领导力测评的基本内涵

在如何测量和评估领导力方面,研究者还没有达成共识。在领导力研究领域,一般确定了两个领导力标准(criteria):① 领导者出现(leader emergence),即被他人视为领导者或个人渴望获得权力和地位;② 领导有效性(leader effectiveness),即成功地引导团队实现目标。要确定领导力评估工具,首先应明确其目的是衡量领导者出现还是领导有效性。领导者出现衡量的是个人提升到组织高层的能力,但并不一定与领导有效性相关。此外,领导者出现也可能受组织政治和声誉管理的影响,而不仅取决于能力。

研究者长期以来一直在努力研究如何更好地评估领导力。Kaiser、Hogan和Craig(2008)通过对相关文献的回顾发现,对领导有效性的评估通常借助三种方式:① 领导者有效性的评价;② 领导者行为的评估;③ 团队绩效。绝大多数研究倚重于前两种方式。

1. 个体层面的领导力评估

早期的人事评估实践往往强调领导者的特征——特质、气质、资历和领导风格(Ginsberg and Thompson, 1992; Hallinger and Heck, 1996; Hallinger and Murphy, 1985)。特质(traits)是预测态度、决策或行为以及结果的个体特征,它因人而异,是可测量的,表现出跨时间和情境的稳定性(Ashton, 2007; Premuzic, 2007; Kenrick and Funder, 1988)。当领导力被定义为指导、影响和引导他人时,显然,某些人格特质(如外向性)可能与领导成功有关。元分析研究发现,预测领导力的两个主要特质领域是能力和人格。因此,在选择有效的领导者时,考虑这些特质是有用和必要的。而广泛的领导能力,如主动性、应变能力、适应性和正直性,可能会成为未来领导成功的预测因素。表9-1汇总了与领导者出现和领导有效性相关的特质类别。

表9-1 与领导者出现和领导有效性相关的关键领导特质

类 别	特 质
认知能力和技能	一般智力;创造性/发散性思维能力;问题解决技能;决策技能
人格	外向性;尽责性;开放性;宜人性;神经质;积极情感;自恋;正直
动机	支配性;成就导向;能量;权力需求;主动性;抱负
社交能力	自我监控;社交敏锐度;沟通;情绪调节
任务技能	管理技能
自我信念	自我效能感;自尊
知识	技术知识

资料来源: Zaccaro, S. J., Dubrow, S., Kolze, M. J. Leader Traits and Attributes. In Antonakis, J., Day, D. V. (eds). The Nature of Leadership (Third Edition) [M]. Thousand Oaks, CA, US: Sage Publications, Inc, 2018.

随着时间的推移,在许多情况下,以特质为中心的领导力评估方法已经被一种更加注重行为和绩效的方法所取代。后一套方法源于行为主义的理论和方法,其运作的假定是,唯一真正重要的事是领导者在工作中做什么。越来越多的学者认为,旨在提高领导绩效的领导作为是一个重要的评估目标。而领导评估系统倾向于关注的个体领导者的特质、知识或技能只是这些目标的弱代理。

随着领导理论越来越关注领导的情境性,与此相关的领导评估模型也开始出现。例如,Hart(1992)的组织分析模型,强调评估领导者理解和预测复杂背景的能力。这种观点认为,领导者是谁或他/她表现出什么样的个别行为并不重要;相反,领导者如何思考组织中正在发生的事情,为领导力评估提供了更好的指标。此外,领导绩效的产生和团队密不可分,特别是团队绩效成果,某种程度上和领导特质、领导方式及风格相关。对领导力的测量,团队绩效产出可作为评价标准的重要组成部分。

2. 组织层面的领导力评估

领导力通常由个人行使,但在某些情况下也由领导团队行使。组织层面的领导力可以被描述为一个组织中所有领导者的整体能力的反映。因此,一个组织的领导力可以看作该组织所有领导者的集体能力。组织的领导能力可以通过计算每个领导者能力的平均值来反映。这提供了该组织集体领导能力的总体状况,使组织中的关键角色(如高层管理者和人力资源专家)能够监测和审查组织总体领导能力的发展情况。在这种情况下,对领导能力的评估包含在对组织业绩的评估当中,这与对领导者个体的有限评估相去甚远。

(二)领导力测评的功能

领导力测评可以用于三种组织职能:人事管理、专业发展和组织改进。这三种职能各不相同而又相互关联,每种职能代表着领导力评估的不同目的,评估结果有着不同的潜在用途,并且导致了不同形式的评估实践。

1. 作为人事管理的工具

领导力测评(包括个体评价和组织评价)可作为人事管理的一个正式工具,应用在领导人才的公开选拔、内部竞争上岗、岗位晋升、组织诊断和年度考核等具体的人事事项上。这些评估通常集中在特定的行为或一般技能和倾向方面,其结果用于各种人事决策,包括岗位聘任、重新分配、薪酬、晋升、奖励或制裁、合同续签、指导和职业发展规划等。例如,根据领导力测评结果,将管理能力突出、有发展潜力的管理者提拔到更高的岗位。

2. 作为专业发展的指导

领导力评估能够助益领导者的发展。作为一种潜在的强有力的发展工具,领导力评估可以向领导者提供反馈,帮助他们在实践中做出建设性的改进。研究发现,在领导者参与专业学习的过程中,各种形式的评估会促使领导者努力培养技能(例如,如何与外部合作)或增加概念知识。当获得更系统的反馈时,对领导者表现的评估可能会指导其进一步学习和努力提高领导力。领导者拿到测评结果后,可以对自身的管理能力有一个全面和具体的了解,明确自己的优势和不足,并据此发扬优势、改进不足。

3. 作为组织改进的杠杆

领导力测评可作为组织改进的更大战略中的一种工具。领导力评估是确定一个组织的运作情况以及如何改进的过程的一部分。在这里,评估的重点从领导者转移到领导层,通常关注团队成员或"分布式"安排对组织绩效做出的集体贡献。对组织绩效的评估可能不会将领导者单独列出来。在这种情况下,领导力评估是一种组织变革的杠杆,评估结果可用于改善组织状况。内部和外部条件的支持使组织和领导者愿意利用评估过程及结果。

二、领导力测评方法

领导力的测评方法很多,包括心理测量、情境判断测验、评价中心技术、360度反馈评估等。

(一) 心理测量

心理测量兴起于20世纪初,在美国军事和工业领域的广泛应用促进了相关研究的迅速发展。20世纪二三十年代,心理测量开始在我国的教育领域得到应用。心理测量(psychological measurement)和心理测验(psychological test)既有联系也有区别。心理测量是通过科学、客观、标准的测量手段对人的特定素质进行测量、分析、评价。心理测验是心理测量的一种具体方法和手段。心理测验主要有两大类:认知测验和人格测验。认知测验包括智力测验和能力倾向测验。其中,智力测验测量一般认知能力,能力倾向测验测量特殊能力。

1. 智力测验

智力是经得起时间考验、与领导力密切相关的特质之一。一般智力或G因素反映了学习、抽象思维和处理信息的能力,是工作成功的重要预测因素(Gottfredson,1997,2002;Schmidt and Hunter,1998,2004)。元分析结果表明,G因素能够预测领导的出现和领导有效性(Lord et al.,1986；Judge, Colbert and Ilies,2004)。高层领导者的智商一般在120—135,一般管理者的智商在115—119。

智力测验,就是通过心理测验的方法来衡量人的智力水平的一种科学手段。最早的智力测验是由法国心理学家比奈(A. Binet)于1905年制定的。目前影响较大的智力测验有韦氏成人智力量表、斯坦福-比奈量表、瑞文推理测验、温德利人事测验等。对于选拔管理人才来讲,用得比较多的是推理能力测验。英国心理学家瑞文(J. C. Raven)设计的瑞文标准推理测验(简称SPM)是世界上使用率最高、最具影响力的智力测验之一,已被证明是测量G因素的最佳工具。它是一种非文字测验,一共有60道题,主要测量知觉辨别力、类同比较、图形组合、系列关系、图形套合、互换等抽象推理能力。该测验的优点是使用方便,结果解释直观,信度与效度比较高。

2. 能力倾向测验

目前应用最广的能力倾向测验是美国劳工部编的《一般能力倾向成套测验》(GATB)、美国心理公司出版的《特殊职业能力倾向测验》(DAT)等,这些测验可以综合运用于管理人员和其他类人员。

能力倾向测验具有较高的效标关联效度,能很好地预测工作绩效,但在使用时需要考虑测验与要评价的胜任力之间的匹配性,选择适当的常模团体。主管和经理参照的常模团体应该是大学毕业生或专业管理群体。

3. 人格测验

人格测验用于了解人的个性差异。研究表明,关于人格的报告可以准确有效地预测行为。人格测验最早应用于第一次世界大战期间,美国陆军用它来预测哪些士兵会受到"炮弹休克"的伤害。如今,它已成为人事选拔的一部分。与其他测评工具相比,人格测验成本低廉,而且易于操作。著名的人格测评工具有：加利福尼亚心理调查表(CPI)、迈尔斯-布里格斯类型指标(MBTI)、16种人格因素问卷(16PF)、职业人格问卷(OPQ)、基本人际关系定向-行为(FIRO-B)、大五人格问卷(Big Five)等。正如对人格的定义各不相同,各种测试方法都有其理论和实践依据,也各有其局限性。这里介绍两项产生很大影响的人格测验。

（1）迈尔斯-布里格斯类型指标。迈尔斯-布里格斯类型指标（Myers-Briggs Type Indicator，MBTI）源自瑞士著名心理学家卡尔·荣格的心理类型理论（Jung，1921），由美国心理学家凯瑟琳·布里格斯母女俩（Katharine C. Briggs 和 Isabel B. Myers）于 1962 年开发。

MBTI 在实践界备受欢迎。20 世纪 60 年代以来，约有 5 000 万人参加了这一测试，使其成为迄今为止最为流行的个性评估。然而，这一工具的心理测量特性（不是由心理测量学家开发的）受到了强烈的批评，特别是关于明显的类型结构。MBTI 认为，人们有偏好的感知（感觉 S 或直觉 N）和处理信息（思考 T 或情感 F）模式，以及一般心理倾向（外向 E 或内向 I）和行动方式（判断 J 或知觉 P）。这些偏好组合成 16 种性格类型。

专家认为，这些分类并不能预测个体或团队的效能。研究发现，超过一半的重测者在第二次测试中得到了不一样的结果。人格类型和领导力之间的相关结果是矛盾的（Zaccaro et al.，2004），没有与领导力相关的特定"类型"。有鉴于此，Myers-Briggs 基金会警告称，不要将 MBTI 用于"招聘或决定工作分配"，但该测试在许多公司中仍然很受推崇。支持者发现它有助于人们了解自己和同事的风格和偏好，并减少工作场所的冲突。目前，该量表已被广泛应用于自我了解和发展、职业发展和指导、组织发展、团队组建、管理和领导培训、问题解决及人际关系咨询等方面。

（2）五因素模型。五因素模型（five-factor model）通常被称为"大五"（big five）模型，它在词汇学和因素分析的基础上提取了一组人格特质，包括五个类别：开放性（openness）、尽责性（conscientiousness）、外向性（extraversion）、宜人性（agreeableness）和神经质（neuroticism）。这五个类别可以用 OCEAN 这个单词来记忆，既为首字母组合，又寓意人格结构内涵广泛。研究表明，五大人格因素能很好地预测领导力的出现及领导有效性。通常外向性和尽责性与领导结果的相关性最高，宜人性与领导者出现和有效性的相关性一般较低。五个因素按照和领导力的相关性从高到低列举如下。

① 外向性：善交际、自信、积极进取。理论上，这个因素应该是领导力最重要的预测因素。外向者善于交际，有支配力，精力充沛，他们体验并表达积极情绪，更可能在领导岗位上取得成功。

② 尽责性：包括有序、可靠、目标导向、自律和深思熟虑。这一特点主要

与成就动机、良好的组织和可靠的倾向以及由规则、法律和原则指导的决策有关。在元分析中,尽责性与领导力的出现显著正相关。

③ 开放性:包括想象力、审美性、情感开放性、兴趣爱好多、好奇心和非传统性。领导者应该具有前瞻性和远见卓识,因此,这一因素应是领导力的重要前因。具有这种特质的人更擅长分析和解决问题,能更好地应对变化。

④ 神经质:指焦虑、愤怒、抑郁、自我意识和脆弱性。理论上,领导者的神经质水平应该很低。鉴于焦虑、消极情绪和情绪不稳定是神经质的特征,因此神经质与领导效能呈负相关并不奇怪。

⑤ 宜人性:包括信任他人、坦率、心软、顺从、谦虚和富有同情心。有理由期望,宜人性(包括利他、合作、友善和避免冲突的倾向)对领导力会有所帮助。然而,有这种特质的人可能很难在问题上表明立场或面对他人。元分析发现,宜人性既不与领导力的出现相关,也不与有效性相关。

五因素模型被学术界广泛接受,成为人格研究领域的"黄金标准"。与MBTI不同,基于大五人格的评估能够可靠地预测工作绩效,并有助于预测可能发生冲突或和谐共事的性格。例如,由 McCrae 和 Costa 修订的 NEO 人格问卷(NEO PI-R),共计 240 道题目,包括自陈式和他评量表两个副本,还有一个 60 道题目的简化版,均采用利克特(Likert)五点量尺评价。大量研究资料表明,NEO PI-R 具有广泛的应用价值。

4. 品德测验

德才兼备、以德为先,已经为各种文化背景下的组织所认同。品德建设对于个体领导力的提升具有极大促进作用。品德测评可以用来评价领导者的道德水平、监督领导德行、促进领导者提升道德水准、树立良好的道德风范。我国领导干部品德测评内容主要包括政治品德、职业道德、个人品德与社会公德。品德测评方法有问卷法、行为观察法、评议法等。目前,问卷式量化民主评议、民意调查、组织考察和个人谈话等方法在我国领导干部品德测评中使用得较多。通过来自领导、群众与组织等方面对领导者的行为观察进行测评。

(二)情境判断测验

情境判断测验(situational judgment tests,SJTs)是一种测量管理能力的方法,其应用最早可以追溯到 20 世纪 20 年代,近年来越来越受到研究者的关注。情境判断测验多被用于管理者或经理人的甄选。研究显示,情境判断测验与管理绩效具有相当的关联性(Howard and Choi, 2000)。

1. 情境判断测验概述及其优势

情境判断测验也被称为"低保真模拟"(low fidelity simulation)。在典型的情境判断测验中,先给被试者呈现工作中可能遇到的各种情境,随后列出对该假设情境的各种可能的处理方式,让被试者从中选择自己最倾向的行为反应或认为最有效的行为方式,也可以对各种反应的有效性进行评价。将被试者的选择与参考答案对比进行评分,来衡量被试者是否具备工作所需的胜任特征(见表9-2)。

表 9-2 情境判断测验题目样例

> 你的一名下属向你汇报说,要完成你给他/她安排的一项特殊任务,但他/她不知道如何获得所需要的相关资源(预算、设备等)。你作为这个人的管理者:
> A. 告诉他/她如何处理这件事。
> B. 把这件事交给另外一个对此熟悉的人去做。
> C. 告诉他/她"大胆去做吧"。
> D. 要求他/她思考一些备选做法,并且和你一起审查这些做法。
> E. 给这名员工提供较多的资源。
> 你认为以上哪个做法是最好的?
> 你认为以上哪个做法是最差的?

资料来源:杰夫·威克利,罗伯特·普劳哈特.情境判断测验:理论、测量与应用[M].柳恒超,罗凤英,李婷玉,等译.复旦大学出版社,2013.

情境判断测验有很多优点:一是反映工作实际问题,表面效度较高。二是具备与认知能力测验相接近的效标关联效度,能够较好地预测管理工作绩效。三是评分的客观化。情境判断测验的所有题目均是客观题,可避免因为评分尺度不统一而造成的评价偏差。四是易于操作,结果反馈快。情境判断测验一般是以纸笔测验、视频或网上测评的形式完成,易于开展大规模测验。不过,需要注意的是,使用情境判断测验时也可能出现作伪、辅导和重测等问题。

2. 情境判断测验的开发

一个完整的情境判断测验包括:呈现给被试者的情境问题、针对问题情境的可能反应选项、反应指导语和计分方法。

情境判断测验要求被试者针对给定的情境,对与情境有关的可能反应做出判断。情境问题设置和反应选项的确定并不是一个简单的过程,需要在大量的工作分析、关键事件访谈的基础上,咨询相关领域专家,整理提炼而来。测验内容包括实用知识、谈判技巧、人际关系问题、沟通、奖惩问题、团队整合、激励、策划能力、领导与管理能力等。

情境判断测验的反应指导语通常有两种:行为倾向型指导语(将会做什么)和知识型指导语(应该做什么)。计分一般是通过将被试者的回答与专家的判断进行比较而获得。计分方式主要有两种:一是迫选法,要求被试者从多个选项中选出最佳和最差的选项,或他们最有可能和最不可能采取的选项;当被试者确认的选项是处于专家认为相对有效(或无效)的那些选项之中时,被试者就会在测验上得到较高的分数。二是连续性或利克特量尺法,请被试者按照从 1(非常无效)到 5 或 7(非常有效)的量尺来评价每个选项的有效性。当他们的评价与专家相一致时,就会获得较高的分数。比较而言,迫选法计分较为简单,而利克特量尺法的应用更加广泛。

(三) 评价中心技术

评价中心(assessment center)并非指某种机构或组织,而是一种测评方法或技术,起源于德国心理学家1929年建立的一套用于挑选军官的多项评价程序。广泛的评价中心包括工作样本、模拟、面试和心理测验。在组织中使用"评价中心"这个概念时通常指的是工作样本。工作样本是指在观察状态下,参与者组成小组完成一系列活动,例如角色扮演、文件筐、分析与报告写作、团体讨论和团体任务等。

1. 评价中心的有效性

情境模拟是评价中心最主要的特点,通过仿真的情境,考察受测者的实际操作能力。如文件筐测试,可以了解管理者处理文件和日常事务的技能。受测者完成任务的过程可以充分展示其实际素质,测评过程形象直观。评价中心使用的典型工作样本与实际工作高度相关,因而具有较高的效度。

评价中心的核心在于识别和确定受测者的潜力,方案设计常常是根据某个空缺的职位量身定做的,效果比较好,但成本也会比较高,花费时间长,操作难度大,对测试者的要求也高。因此,评价中心比较适用于中高层管理岗位。

2. 评价中心的常用情境模拟方法

(1)角色扮演。角色扮演可以设计来评估职能部门经理在面对典型事件时的表现,包括处理工作场所的争端、提供绩效反馈、咨询和职业发展等,可以考察的胜任力有分析性思考(决策)、人际技能、影响力、表达能力、绩效反馈等。

(2)文件筐。文件筐也叫公文处理,要求被试者在规定时间内完成大量待处理的文件,包括来自上级、下级、组织内部和组织外部的信函、请示、通知、电话记录、报告和备忘录等,既有日常琐事,也有重要事件。主要考察被试者的计划与组织能力、书面交流和创造性思维。有效时间管理的关键是能在紧急和重要的任务间做出辨识。根据被试者对排序所做的合理解释的连贯性和一致性进行评估。

(3)无领导小组讨论。受测者被划分为不同的小组,每组5—9人,不指定主持人,要求组员就某些有争议性的问题进行讨论,尽可能形成一致意见,并以书面形式汇报。无领导小组讨论主要考察受测者的影响力、分析性思考、人际技能等,同时也可考察受测者的主动性、自信心、灵活性及团队精神等个性品质。

(4)管理游戏。在管理游戏中,要求小组成员合作完成任务,通常还引入小组间的竞争以区分优劣。通过受测者在完成任务过程中的表现来测评其素质。例如,在"桥梁建造任务"活动中,要求小组成员使用提供的相关材料(A4纸和订书机),在20分钟内设计和建造一座桥梁。桥梁必须跨越相距1.8米的两张桌子,且不允许以各种方式固定在桌子上。根据所花时间及任务完成度来评分。该活动可以考察受测者的计划与组织能力、人际技能、创造力、适应性、主动性和领导力。

(四) 360度反馈评估

360度评估是20世纪90年代的创新管理之一。它不同于传统的仅由主管完成的单一来源评估,360度评估流程通常包括领导者本人及其直接主管、同事和下属的评估。使用"360度反馈"这个术语,是因为各种来源围绕着被评价者,从而获得了对一个人行为的整体视角。在评估领导行为和特质时,使用多种数据来源是至关重要的,可以避免与自我报告偏差及社会称许性相关的偏差和问题。

1. 360度反馈评估的特点及优势

360度评估是一种极具潜力的领导者评估和发展工具。360度领导力评估的主要目的是确定优势和劣势，以使领导者能够减少不利领域，并发挥优势。360度评估最适合于领导力发展的目的。评估和反馈可以提高一个人的自我意识和洞察力水平，这是发展的重要组成部分。向领导者提供360度的评估和反馈信息，让他们了解工作环境中的重要他人是如何看待自己的，这对领导者和组织都有很大好处。360度评估从同事、下属和其他人那里收集的数据为领导者提供了更多的视角。观察者提供的评价可能与自我报告不同。这些差异给领导者提供了有价值的反馈，帮助他们了解别人对自己的看法，鼓励领导者重新思考自己的行为及其对他人的影响，并尝试做出行为改变，以提高领导有效性。

与自我报告相比，360度评估具有方法上的优势，有效性和准确性都更高。首先，下属和同事是有关管理者行为的有效信息源，他们在评估某些管理维度时往往比其他评估来源都处于更好的观察位置。其次，由于评价可以从多个下属和同事处获得，多重评估的有效性可能高于单人评价的有效性。同行和主管报告被认为比自我报告更准确。许多领导力评估专家认为，360度评估优于简单的个人评估（Owens，2001；Posner，2004）。

2. 360度反馈评估的流程和实施

360度评估和反馈通常遵循以下流程。

第一步：评估准备。确定评估的需求和目的；建立能力模型；确定被评估对象及评价者（上级、同事、下属和被评价者本人）名单；确定360度评估问卷。人力资源部进行关于评估工具和注意事项的培训。

在360度评估和反馈过程中，评价者根据一套行为标准对被评价者进行评估。使用简单但功能强大的领导能力模型可以帮助参与者理解和接受评估结果。

第二步：实施评估。进行问卷调查。发放问卷，跟进问卷填写进度，回收问卷。

为了实现向领导者提供有效反馈的目标，评估必须客观、公正，这一点至关重要。因此，评估应以实际观察到的行为为基础，而不是以感知或个人偏好为基础。在360度测评过程中，问卷填答者的个人观点及作答态度会对测评结果产生很大影响。提供和接受反馈可能具有一定威胁性，对高级职位的领导者而言尤其如此。匿名提供的反馈，有助于减少面对面的反馈对双方的人际威胁。因此，建议使用全自动计算机系统来接收和处理问卷。

第三步：报告撰写。人力资源部统计问卷，处理数据，并编制个人和团体报告。

这里将生成两个层面的反馈报告：① 个人反馈报告。这一报告旨在为领导者个体提供尽可能多的关于其领导行为的有意义的信息，并提供关于该领导者的优势和需要改进的发展领域的指示。② 公司/集团报告。在公司层面，将生成不同类型的报告，例如针对每个相关的服务组织/地区/工作级别以及整个公司。这提供了领导行为的总体情况。

第四步：结果反馈。向所有领导者提供个人反馈；向所有相关领导者提供集团报告。直接上级与评估对象共同制定领导力提升计划。

每位领导者都将收到一份个人反馈报告，报告有助于确认和澄清领导者的领导力发展需求。公司和集团报告用来确定领导行为和发展需求的趋势。根据这些趋势，将设计和实施具体的发展方案或干预措施。

三、领导力测评工具

研究表明，对于不同层次的管理工作，领导者需要具备不同的工作技能。因此，在实施测评时需要进行区分，采取不同的测评技术组合以提高领导力测评的针对性和有效性。

（一）根据测评目的选择相应的工具

通常，领导力测评有人才甄选、培养与发展两类不同的目的。在高管人才的招聘中普遍采用的是人格测试、多轮面试及相关人员调查。对于以发展为目的的测评，360度评估是最适合的，可以通过搜集多方面的反馈来做出更客观准确的判断。

通用的基本管理素质可以参考以下方面：一般智力水平；工商管理能力；创造性思维能力；较高的成就动机和支配欲；灵活机敏但有原则，正直、负责；坚韧的毅力，内控自律；敏感性与沟通能力；开放和变革意识，较高的模糊耐受力和风险承担精神。

对高层管理者可考虑选择使用以下测验：情境模拟测验；公文筐测验；无领导小组讨论；动机调查；管理人员人格测验；DSC个性测验；控制源取向测

验;领导行为评估系列测验;管理潜能开发系列测验。

(二) 常用的领导力测评工具

这里介绍几种在研究中经常用到的领导力测评工具。

1. 多因素领导力问卷

多因素领导力问卷(multifactor leadership questionnaire,MLQ)是由 Bass 和 Avolio(1996)开发的,用来评价变革型领导。变革型领导是领导理论研究的新范式,自 20 世纪 80 年代以来就受到西方领导研究学者的关注。变革型领导包括四个维度:领导魅力、感召力、智能激发和个性化关怀。其构想效度得到了部分研究的支持。Alsayed 等(2012)通过因子分析,得出 MLQ 表达了领导风格的三个维度,即变革型(16 项)、交易型(8 项)和放任型(7 项),共 31 个项目,整个量表的 Cronbach's α 值为 0.92。

研究表明,MLQ 是反映当代领导行为的整体工具,它可以测量高层和中层管理者运用"交易型领导"与"变革型领导"这两种方式的程度。目前,MLQ 已成为变革型领导研究中使用最为广泛的问卷,该问卷适用于公共及私人组织,已经在许多国家和文化背景中得到了应用。在 MLQ 基础上,李超平等(2005)通过专家讨论,编制了适合我国国情的变革型领导问卷(TLQ),验证性因素分析证实该问卷具有较好的信度与效度。

2. 领导力实践调查表

领导技能评估对于任何一个领导力项目来说都至关重要,它可以衡量领导力的强项、弱项和变化。Kouzes 和 Posner(1993)的领导力实践调查表(leadership practices inventory,LPI)由 30 个项目组成,测量了五种在任何类型组织中都被认为是有效领导者的能力,包括:塑造方式、激发共同愿景、挑战过程、让他人行动、鼓舞内心。Kouzes 和 Posner(1993)的研究表明,LPI 是一个有效的量表,变量的 Cronbach's α 值均高于 0.70 的标准。

3. 领导力评估问卷

研究表明,在稳定和变化这两种不同的环境中导致卓越绩效的领导行为有着显著差异。在稳定的环境中,注重自上而下控制的领导行为更为成功;在竞争激烈、不断变化的环境中,侧重于通过激发员工的想法、创造力和主动性来鼓舞员工的领导行为更为成功。

Schroder(1997)在认知和领导行为研究的基础上,确定了十种高绩效领导能力(high performance leadership competencies,HPLCs),即信息能力(IC)、概念能力(CC)、跨境学习能力(CLC)、发展心理能力(DC)、目标构建能力(PBC)、建立信任能力(CBC)、主动能力(PC)、成就能力(AC)、概念灵活性(CF)和成就能力(AC)。HPLCs与变革型领导及服务型领导理论关系密切,被证明是动态环境下有效领导所需的通用能力。

领导力评估问卷(leadership assessment questionnaire,LAQ)是Wyk(2007)在Schroder(1997)的高绩效领导能力模型基础上结合组织情况编制的,包括15种领导能力:信息能力、概念能力、愿景思维、人的发展、多样性学习、跨职能团队合作、目标建设、激励能力、授权、绩效成就、诚信、适应性、自我负责、领导沟通和商业头脑。LAQ用以测量与上述领导能力相关的领导行为。

问卷使用注意事项:为了得到更好的适用性,应将HPLCs和组织的具体需求及所处行业特点相结合。表9-3是Wyk(2007)的问卷版本。

表9-3 领导力评估问卷(LAQ)

指导语:
在本问卷中,您将对管理者的工作方式进行评价。问卷的目的是向管理者提供有用的反馈。这种反馈将使管理者更加了解自己的领导力优势以及关键的发展需求。使用下面列出的量尺作为指导或规范,表明这些陈述在多大程度上描述了管理者的工作表现。评分前请仔细阅读描述。

评价量尺:
1=必须立即发展;2=需要开发;3=足够但可以改进;4=完全符合预期;5=优于他人

评价问题:
1. 表现出对公司价值观的承诺。
2. 显示出有能力看到不同部分之间的关联。
3. 成功地帮助团队成员适应多元文化的组织。
4. 适当地显示对错误的容忍度。
5. 激发下属的信任。
6. 调整沟通风格以适应接收者的要求。
7. 跟上商业领域的新发展。
8. 成功创造有利于变革的环境。
9. 表现出对他人想法、观点和感受的理解。
10. 成功地将绩效目标与公司战略联系起来。

续 表

11. 有效地帮助他人适应不断变化的环境。
12. 为自己的发展负责。
13. 成功预测潜在问题。
14. 在履行职责时应用商业原则。
15. 遵守组织道德行为标准。
16. 表现出对建设性批评的开放性。
17. 收集有关未来(如不断变化的技术、未来的竞争)的信息。
18. 了解自己的任务对其他行为准则和职能的影响。
19. 促进跨职能团队网络的形成。
20. 鼓励有计划的冒险行为。
21. 积极应对不断变化的环境。
22. 当家作主解决问题。
23. 容易适应不同的角色和情境。
24. 促进不同团队的投入,以提升客户服务。
25. 以结果和行动为导向。
26. 以身作则。
27. 帮助定期分析替代性计划以实现目标。
28. 充分理解商业环境的原则。
29. 充分理解多样性对业务的影响。
30. 接受对自己行为的责任。
31. 有效实施双向沟通。
32. 收集公司当前运营的信息。
33. 以尊重和尊严对待他人。
34. 形成解决多个现有问题的集成解决方案。
35. 跨职能团队整合计划。
36. 为人们创造从不同角度思考的机会。
37. 建立收集重要信息的系统。
38. 有效整合各类信息。
39. 促进团队之间的互动,以形成新的想法。
40. 开发可能的未来场景。
41. 向人们提供相关和最新的信息。
42. 明确所有团队成员的角色和职能。
43. 确保团队拥有公司愿景和价值观。
44. 为员工的个人发展提供机会。
45. 为团队成员开发持续衡量绩效的机制。
46. 利用奖励制度激励团队成员。

续 表

47. 消除绩效藩篱和限制。
48. 创建一个激励团队成员表现的环境。
49. 负责与团队成员的有效沟通。
50. 成功地影响他人接受团队目标。
51. 激发团队成员对成功的渴望。
52. 利用绩效管理系统提高下属的绩效。
53. 明确说明团队在实现公司目标方面的作用。
54. 提高团队成员的自信心。
55. 有效地提供持续的在职指导。
56. 采取有效行动确定团队目标。
57. 实施适当的员工发展行动。
58. 使团队能够安排自己的工作。

注：各项能力分别计分，最后汇总。

15种领导能力对应的题号分别为：信息能力（17、32、37、41）、概念能力（2、18、34、38）、愿景思维（13、27、36、40）、人的发展（44、55、57）、多样性学习（3、9、29、33）、跨职能团队合作（19、24、35、39）、目标建设（43、50、53、56）、激励能力（46、48、51、54）、授权（4、20、47、58）、绩效成就（10、25、45、52）、诚信（1、5、15、26）、适应性（8、11、21、23）、自我负责（12、16、22、30）、领导沟通（6、31、42、49）、商业头脑（7、14、28）。

评分标准：

1=必须立即发展。

需要发展。怀疑此人是否能达到预期。

2=需要开发。

需要发展。如果一个人要成功,奉献和努力是必要的。

3=足够但可以改进。

人的表现可以接受,但还有改进的余地。

4=完全符合预期。

发展不是必不可少的,尽管持续的发展是可取的。

5=优于他人。

在满足期望方面优于其他人。在整个组织中被广泛认为优于其他人。

资料来源：Wyk, J. V. The Utilisation of a 360° Leadership Assessment Questionnaire as Part of a Leadership Development Model and Process ［D］. Doctor Philosophiae Psychology, University of Pretoria, 2007.

第十章

领导力开发

本章首先概述了领导力开发的基本内涵、综合框架、历史沿革和内容层次,对领导力开发中面临的问题进行了透视;其次,引介了领导力开发的基本方法,如行动学习、领导力教练、领导力剧场等新兴方法;最后,对领导力的优秀实践案例进行了介绍,重点介绍了哈佛大学肯尼迪政府学院公共部门领导力中心的领导力教学(以"公共叙事"课程为例),以及上海通用汽车公司(SGM)的领导力发展体系及其实践。

一、领导力开发的基本内涵

领导者的培养和领导力的培育,历来深受世界知名商学院的青睐。众多商学院在其网站主页上宣称自己的首要使命,是培养具备领导力的各个领域的"领袖人物"[①]。根据一项调查,直到20世纪90年代早期,在《哈佛商业评论》文章的标题和副标题中,"领导者"或"领导力"出现的频率极少;与之形成鲜明对比,从20世纪90年代中期到2005年,这两个词在该刊文章标题和副标题中出现的频率,已经超过"管理"和"管理者"(Benjamin, 2007)。与之对应,各种领导力培训项目蔚然兴起,成为一个庞大的产业。全世界每年公司和个人花费数百亿美元,用于领导者的发展和领导力的开发(Kellerman, 2012, 2013)[②]。在使命宣称和产业繁荣的背后,也存在着各

[①] 例如,耶鲁管理学院宣称自己"培养企业和社会领袖";哈佛商学院以"培养改变世界的领袖"为己任;斯坦福大学商学院提出"培养具有创新精神、道德原则和洞察力、能够改变整个世界的工商界领袖";沃顿商学院宣称"培养商业领袖,促进产业和经济增长"。

[②] 哈佛大学肯尼迪政府学院公共部门领导力中心的知名学者芭芭拉·凯勒曼(Barbara Kellerman)在《领导力的终结》(2012)一书中,对领导力产业的虚假繁荣进行了深刻反思。她认为,领导力的发展遭遇瓶颈的重要原因在于,目前"领导"仍被看作一种工作而非特殊的职业,更不用说是需要专门知识背景的职业。

种有关领导科学的质疑:花费不菲的领导力(leadership)培训项目,究竟卓有成效还是无济于事?一个没有从事领导实际岗位的教师,能将领导力传授给那些具有丰富实践经验的领导们吗(Barbara,2016)?……面对诸如领导者是天生的(born)还是打造的(made)等领导科学理论与实践中不断浮现的"元问题",学者们给出了各种富有启发性的答案[①]。这些答案指向不同的领导力开发理论与实践。

(一)领导者发展与领导力开发的差异

很多学者认为,大多数被认为是领导力发展的项目,实际上应该更恰当地称为"领导者发展"(leader development)。在这些项目中,领导者可以努力发展与其领导行为相关的知识、技能、能力和品格。在这一分析框架下,追随者、领导者所处的组织内外环境以及各种其他的人际维度,都被遮蔽或者退隐其次。有鉴于此,有必要对"领导者发展"和"领导力发展"(leadership development)进行区分。领导者发展注重的是诸如领导能力、领导特质、领导角色以及领导过程等个体维度的发展,偶尔也考虑到这些维度与追随者、环境等因素的匹配。领导者发展不同于领导力发展。培养个体领导者,并不能从本质上保证有效的领导力。领导力的实现是一个社会互动和人际互动的过程。我们能够培养个人在领导角色和领导过程中发挥作用的能力,但这种能力的发展,并不能确保这种能力得到有效的运用以及领导力得到体现(Day and Thornton,2017)。

在"领导者发展"培训项目中,最受欢迎同时也最容易引发争议的,是基于领导能力模型的培训与开发。由于领导者层级、领域和工作组织的不同,领导能力模型的维度各有不同。绝大多模型是将领导能力视为与领导者相关的知识、技能、能力和品格的集合(斯努克等,2015;威尔瑟,2014)。有批评人士认为,各种有关领导能力的素质模型,实际上难以经得起逻辑、经验和数据的检验(Hollenbeck et al.,2006)。尽管如此,领导能力素质模型毕竟提供了一个总体框架,来帮助个人和组织集中资源发展领导技能,完成各种领导者开发的组织任务。具体来说,能力素质模型成为组织内领导力培训和发展计划的基础,它通过概述某个领导能力的框架,来帮助个人选择、发展和理解领导力的

---

① 典型者如德内弗(De Neve,2013)等根据青少年健康纵向研究的数据,采用双因素设计方法,估计领导角色的遗传率为24%。

有效性。

表 10-1 提供了两种关于基本领导技能的模型。第一种模型将领导能力模型中的能力维度分为四大类：认知能力、人际交往能力、业务能力、战略能力(Mumford et al., 2007)。第二种则区分了三个类别的领导能力或胜任力：自我管理能力、社会能力、工作促进能力(McCauley and Van Velsor, 2004)。这两个能力模型的框架之间几乎没有重叠之处，这也导致了领导者发展项目评估中的一个常见问题：究竟那种能力模型更为必要和正确？无论将领导能力提炼为哪种模型，都意味着突出某些维度的内容，同时，遮蔽另一些对于领导力发展而言十分重要的东西。毕竟，领导者发展所依托的模型，高度以领导者为中心，预设领导的本质总是取决于某个特定领导者的行动。

表 10-1 领导能力模型的两种观点

领导力开发的维度	Mumford et al. (2007)	可发展的领导能力	McCauley and Van Velsor (2004)
一般能力	子技能	一般能力	子技能
认知能力	演讲；积极倾听；写作；阅读理解；主动学习	自我管理能力	自我意识；平衡冲突需求的能力；学习的能力；领导价值观
人际交往能力	人际关系；社会洞察力；协调说服	社会能力	建立和维护人际关系的能力；建立有效的工作小组的能力；沟通能力；发展他人的能力
业务能力	物资资源管理；业务分析；人力资源管理；财务资源管理	工作促进能力	管理技能；有策略地思考和行动能力；创造性思维能力；发起和实施变革的能力
战略能力	构建愿景的能力；系统思维的能力；识别结果的能力；识别关键原因的能力；问题识别能力；解决方案的评估能力		

资料来源：Mumford, T. V., Campion, M. A., Morgeson, F. P. The Leadership Skills Strataplex: Leadership Skill Requirements across Organizational Levels [J]. The Leadership Quarterly, 2007, 18: 154-166.

现有的流行的领导力培训项目的着力点，常常聚焦于领导者个人，其目的是发展参与者的领导力属性，改变其行为，从而使其更好地符合一个预先定义的能力模型：一个有效的领导者应该是什么，应该做什么。不幸的是，这种注重个人能力的开发方法，不太可能令领导者的行为或思维方式发生重大改变。领导力的本质上是指在特定的情境下，领导者、追随者及其环境之间的动态社会互动而产生的影响力和协同力。换句话说，领导力展现的乃是一种更加系统化和网络化的功能，它整合了追随者、团队和组织等层面的动力机制。尽管在目标设置、培训内容、实施策略和预期收益方面存在差异，领导者发展与领导力开发对组织来说都是必不可少的。最重要的一点在于：二者并不是非此即彼的对立关系，问题在于如何有效地把个体领导者的发展与更多的集体形式的领导力开发密切结合起来。

（二）领导力开发的层次、维度与内容

超越单纯的领导者发展视野，有助于我们识别有关于领导知识中的矛盾和差距，进一步理解领导力及其开发的多层次和多维度内容。多层次的视角有助于凸显领导力开发中的不同层面的问题，比如第一层次的领导者的发展，第二层次的追随者、同辈群体和上级的关系，第三层次的组织氛围和文化。并且，随着时间的推移，第二层和第三层对保持领导力发展而言至关重要。只有这样，领导力的开发才可能超越（但不是完全取代）个别领导者的层面，迈向集体、协作和共享的领导过程。领导力开发中另一个容易被忽略的维度是时间。时间在领导理论和研究中起着重要的作用，尽管它目前主要是发挥着隐性作用。就领导力开发来说，时间是一个必须考虑的因素。领导力的开发包括领导者的发展，是一个可能贯穿整个成年期的过程。遗憾的是，很少有人注意到明确地将时间作为领导力开发和领导者发展进程中的一个结构性因素。换言之，时间为概念化和审视领导力开发过程，增加了历史维度和历时性的丰富面相。有充分的证据表明，领导力的结构总是在不断演变。共享领导力概念的出现，便很好地说明了领导力的研究，如何超越传统的个人领导者视角（Pearce and Conger，2003）。领导力开发的另一个纵向方面，关系到如何有效地将领导者发展与基于集体的领导力开发联系起来。这不仅仅是一个时间问题，还涉及决定一个领导者何时能够得到充分发展，以适应更广泛的领导力开发计划的下一个阶段，如跨层次领导力的开发。

不同的领导科学理论视野下的领导力开发的层次、维度和内容是不同的。从历史上看,领导力发展领域最基本的限制之一就是理论的缺乏。尽管有100多年的实证研究致力于理解领导力并找到正确的领导力理论,但较少有研究致力于将领导力发展,作为一个独立的过程(Day and Liu,2019)。表10-2总结了学界对领导力的定义和理解的发展历程。从中可以看出,人们对领导行为复杂性的理解已经大大深化,领导力思想从最基本的、较少包容性和简单的特质理论,一直发展到迄今为止最复杂和最具有包容性的领导思想。领导力开发有必要面对领导科学理论发展的新领域,采取一种多层次的视角。领导力发展的多层次视角,可以通过自我概念或者领导者的身份认同来加以构建。开发更具包容性的领导自我概念,成为开发团队和组织中更广泛的领导力包括领导能力的重要途径。

表10-2 领导力思想演变概况与领导力开发的焦点

复杂性和包容性的层次	对领导力的定义	典型的领导力理论	重点分析层次	领导力开发的焦点	自我概念和身份认同相关知识原则的层次
复杂性和包容性程度最简单的领导力概念	领导力是基于角色的权威	特质理论;领导行为理论	个体的层次;领导者对追随者发挥自上而下的影响	个人技能发展	个体化的自我概念:强调个人的优势
领导力概念化程度处于中间层次	领导力是个体之间的影响过程;在形成影响的过程中,角色也很重要	领导-下属交换理论	互惠的二元影响;领导者对追随者自上而下的影响;追随者对领导者自下而上的影响	个人技能发展和关系的打造能力	个体化的自我概念;关系性的自我概念(来自个人优势和人际影响力)
最先进、最复杂、最具包容性的领导力概念	领导力是社会系统的共同属性,包括个人、团队、组织之间的相互依赖;领导力包含依赖情境的角色过程和影响过程	共享领导理论;集体领导理论;整合领导理论	多个层次(个人、团队和组织):既包括组织对团队的影响,也包括团队中领导力的出现;同样关注并承认二元和个人层面的影响力	个人技能发展;关系打造能力;授权与赋能;合作沟通能力;跨边界工作能力	个体化的自我概念;关系性的自我概念;集体的自我概念(来自个人优势、人际影响力和相互的对话)

资料来源:Day, D. V., Harrison, M. M. A Multilevel, Identity-based Approach to Leadership Development [J]. Human Resource Management Review, 2007, 17: 360-373.

值得关注的是,一些研究者从发展认同的角度出发,探讨了认同发展在领导者发展中的作用,特别是领导者身份融入自我图式的重要性。他们认为,随着领导者次级身份的不断分化和复杂化,并被最终整合到一个全球身份中时,领导者发展就产生了(Day and Lance, 2004; Day and Dragoni, 2015)。这个观点对我们理解领导力开发具有很大的潜力,因为身份认同超越了传统的领导行为理论或特质理论。身份是一个人的价值观、经历和自我认知的综合产物。身份还是一个多维结构,领导者是多个从属身份的组合,而不是一个单一的自我。随着领导者身份认同的发展,领导者关注的重心将从个人层面,扩展到关系层面乃至集体层面。作为发展过程的一个功能,领导者身份被认为在其潜在的包容性水平上发生了变化,从最不包容的个人领导到最包容的集体领导。领导者身份认同水平的变化与领导力、领导者知识结构、领导力的社会过程的发展,是同步发生的。从本质上讲,有效的领导者发展是领导力与个人经验、价值观和自我意识的分化和整合过程。在这一视角下,领导者开发意味着采取各种方式,去增强领导者角色要求和领导者个人身份之间的契合度。一个更成熟的领导者能够将自我的各个方面与领导角色的要求结合起来。最近的研究表明,领导者身份的发展对领导者的持续发展至关重要,不同的身份认同使领导者了解自己是谁、自身的主要目标,以及作为个体的优势和局限性。

二、领导力开发的主要方法

长期以来,课堂式的领导力培训方式一直是领导力开发的主流形式。不过,从20世纪80年代以来,领导力开发的模式呈现出多元化的发展趋势。从开发方法而言大体上可以分为三类:基于信息的开发方法(information-based)、基于示范的开发方法(demonstration-based)和基于实践的开发方法(practice-based)(Salas and Cannon-Bowers, 2001)。基于信息的方法的目的,是提供与领导有关的具有洞察力的相关信息,其内容可能包括演讲、介绍和书籍等;基于示范的方法通过模拟和视频等媒体,为领导者提供正确或错误的领导行为示例;基于实践的方法,包括角色扮演、教练技术和指导等。三者中,以实践为基础的培训方法最为关键(达塔尔等,2011;吉伯等,2015)①。特别是近年来,领导力教练(coaching)和指导(mentoring)作为领导力开发的新途径,越来越受到关注和重视。领导力教练(训练)、导师指导、行动学习和360度反馈,日益成为领导力开发的主要方式。

(一) 行动学习

行动学习之父瑞文斯继承了亚里士多德关于"行动-反思-学习"之间存在相互关联的假设,将其作为行动学习的哲学基础。他提出了"learning = programmed knowledge + questioning insight"(学习=程序性知识+有洞察力的质疑和反思)的经典关系等式(L=P+Q)②。传授程序性知识是传统教育和培训的主要形式,但在快速变革的社会中,仅仅依靠这种学习方式是远远不够的,还需要主动自觉地探索不熟悉的领域,在未知条件下提出有洞察力的问题与见解,这样才能有效适应快速变化的环境。行动学习法以完成预定工作为目的,是一个在团队支持下持续不断反思和学习的过程,是一种通过"经验"和"实践"来学习的形式(韩树杰,2009)③。

参与者、问题以及团队,构成了行动学习的三大要素;解决实际问题和发展个人及团队的能力,成为行动学习的双重目标。作为一种以实操为主的情境教学模式,行动学习具有以下特点:其一,行动学习基于没有明确答案的实践问题或任务展开,要求学员以解决问题为目标而进行多种尝试,在行动与反思性学习之间不断平衡,相对于案例教学的情境化其嵌入程度更深。其二,行动学习过程中个人的想法、知识、经历,会在团队层面得以发酵并进行重新审视,通过组员间的批判反思与群策群力,形成"学习—分享—质疑—反思—归纳—反馈"的循环,它比案例研究更加强调小组或团队的作用,减少了理论预设,力图基于行动过程进行知识归纳与理论提升。其三,行动学习中既需要对问题进行分析判断并给出解决对策,也需要参与者及时测试、反馈与评估结果,相较于案例教学相对静态的分析框架,行动学习的过程体现了持续性和动

---

① 从实践方式看,多数商学院领导力开发项目都包含了"知-行-省"的要素:"知"——让学生了解领导力理论、领导责任、影响和引导他人的各种方法,以及领导者必须面对的伦理道德问题;"行"——培养学生如何作为团队成员提高效率,进行绩效评估,形成观点,陈述观点,以及向别人提出尖锐的意见;"省"——让学生了解自身的优缺点、价值观和态度,以及自己的行为对他人的影响。正确的领导力开发,是将三种方法有机结合起来。

② 之后,这一公式发生了变化,增加了新的要素:AL(行动学习)=P(结构化知识)+Q(洞见性问题)+R(深刻反思)+I(执行应用)。

③ 已有研究和实践表明,行动学习目前几乎成为企业首选的领导力开发方式。

态性,同时,削弱了教师的主导作用,更多体现为引导与催化的角色(苏敬勤、高昕,2020)。

行动学习法已被众多大型跨国企业、政府机构及非营利组织广泛采用,其运用的成功经验遍布全球。在领导力开发的实践中,行动学习常常与案例分析结合起来。譬如,在笔者工作的上海行政学院主体班次的"领导者的影响力"培训中,就综合采用了案例、行动学习的内核①。该课程深受学员好评,主要包含课程导引、团队共创、制定行动计划、团队汇报互动、教师总结点评等环节。这实际上是一种"案例行动学习法"(Case Action Leaning),它力图将案例教学与行动学习的多种优势进行有机融合,以高水平案例为载体,以对案例所提供事实的深入分析为前提,以参与者提出具有可操作性的解决方案为结果,达到全面提升学员分析、决策和解决复杂领导问题的能力。

(二) 领导力教练

国际教练联合会(International Coach Federation)对教练的定义是:教练是客户的伙伴,通过发人深省、富有想象力和创造性的对话过程,最大限度地激发个人的潜能。据美国管理协会《教练:成功实践的全球研究、当前的趋势和未来的可能性(2008—2018)》的数据:超过一半的公司已经在应用教练和辅导。教练行业是成长最为迅速的行业领域之一(兰轩,2016)。不同于顾问的提供解决方案、教师的传授知识以及导师的榜样示范,教练不提供建议和答案,而是成为客户的一面镜子,让客户通过镜子看到自己的心智模式和行为模式,从而发挥其领导力。教练技术于20世纪90年代被引入中国,经过二十多年磨合,已经植入了中国的文化元素,加入了很多在企业落地的实效方法,形成了教练型领导力课程系统。2014年,人力资源和社会保障部推出了第一本《企业教练师》鉴定教材。教材和相关鉴定证书的推行,让教练技术课程在中国迈向更加标准化和规范化的发展阶段。

领导力教练(coaching leadership)的兴起与流行,原因有三:其一,教练作为新的领导力开发方式,为领导者在力度日益加大的组织变革中实现组织目标开辟了新的途径。其二,与课堂授课式的传统培训方式相比,教练和导师指导在帮助领导者学习新知识和新技能方面成效更加突出。其三,教练作为领

---

① 案例近年来开始向视频教学案例拓展。

导力开发的有效手段，不仅能够为组织成员提供源源不断的帮助和支持，而且还能协助领导者激发员工自我发展的活力，保持组织成员对组织的忠诚和工作动力。作为一种目标定向的一对一式学习和行为改变方式，领导力教练能够提高个体工作绩效、工作满意感和组织效能。它既可以围绕提高某一特殊领导技能而实施短期干预，也可以通过一系列不同方式进行较长时期的领导力开发。教练在提高领导力方面具有独特的功能，主要表现为：① 个性化色彩强，辅导时间也相对集中，有助于参与者提高自我认知，实现行为变化并修正自己的职业生涯规划；② 可以帮助领导者明确奋斗目标，将有限的精力和时间合理地用于学习和目标实现上；③ 通过构建一种纽带关系，来帮助高层管理者提高自身能力，接受新的挑战，减轻其孤独感；④ 选拔和培养合格的领导者，使组织成功应对高层领导的继任问题（任真、王石泉、刘芳，2006）①。

行为改变和心智模式改变，构成了领导力教练的两个重要目标。以下九个步骤基本概括了领导力教练方法的基本步骤：① 让教练对象参与决定哪些行为是其领导行为中最渴望改善的行为。② 让教练对象参与决定其主要的利益相关方。③ 搜集反馈信息。④ 在需要改善的关键行为方面达成一致。⑤ 让教练对象对其主要利益相关方做出响应，每个人都应该和主要利益相关方进行交谈，并搜集如何改进关键行为的具有"先见之明"的建议。⑥ 评估教练对象学到了什么，帮助他们建立行动计划；教练扮演着促进者而不是评判者的角色。⑦ 开发一种连续的流程，确保教练对象在预定的改进目标中变得更高效。⑧ 评估结果，再次开始。⑨ 在目标达成之后，结束正式的教练步骤。领导力教练的目标不是在教练和客户之间增加一种依赖关系。教练或许几乎总是与自己的"毕业生"保持着毕生的联系，但彼此之间并没有持续的业务关系（戈德史密斯，2013，2014）。

（三）领导力剧场

领导是一种表演艺术，将领导者比作演员有着悠久的历史传统。组织生活本质上具有戏剧化和表演的特点，组织学研究传统之一，就是将组织比作剧院，将领导者比作演员（Mangham and Overington, 1987; Biehl-Missal,

---

① 培训界流行的"私人董事会"，聚焦企业家面临的领导力挑战，关注如何提高领导力，其实施流程借鉴了高管教练和团队教练的做法。

2010)。面对领导过程中的各种问题,人们往往产生"人生如戏,戏如人生"的联想与感叹。有鉴于此,组织领域的研究人员和实践者,都试图从戏剧中吸取教训,尝试运用戏剧的方法和元素,来进行领导力的开发和培训。近年来,以即兴戏剧和互动戏剧为基础的领导力开发,受到了越来越多的关注(Tammy,2015)。领导力剧场就是用表演的思维,将"日常问题典型化,典型问题案例化,案例问题场景化,场景问题尖锐化,尖锐问题戏剧化",从而让参与者沉浸其中,达到有效提升领导力的目的(叶挺,2019)。领导力剧场是一种以提升领导力为目的,以戏剧的表演元素为载体,以某一领导问题(如战略决策、团队建设等)为线索,以培训者和领导干部间互动为基石的教育性戏剧。在领导力剧场中,培训者运用戏剧的表演元素,将某一领导问题呈现于舞台之上,预留可供领导干部表演和反思的时间和空间,激活领导个体的内在情感,加深领导个体的理性认识,提升领导个体的领导能力。领导力剧场之所以受到欢迎,一个重要原因在于剧场艺术和领导力之间具有共同的、强烈的表演成分。

领导力剧场有着如下特征:① 领导力剧场的主体是领导者。领导力剧场由领导者亲自参与,通过深层次地扮演"自我",客观地认识和把握"自我"的真实内涵和丰富可能性,在"自我"批判中不断摸索、修正自己的人格和思维方式,进而实现自身领导力的不断超越。② 领导力剧场的主题源于领导者的真实生活。领导力剧场的主题贴近领导的生活实践,关怀领导的生活体验,倾听领导的内心声音,重视其外在处境,肯定领导的个人生活实践对领导思想和行为的重要意义。③ 领导力剧场的目的在于提升领导力。领导力剧场运用戏剧的各种表演元素(即兴表演、角色扮演等),倾听不同的声音,享受剧场的魅力,激发领导的情感体验和理性反思,尖锐有力地触及现实的领导问题,在艺术性、真实性和反思性的领导力剧场中,领导和剧场主角之间进行情感交流、思想碰撞,培训者用真诚、想象和激情与领导一起探索丰富真实的领导世界,激发领导个体的潜能,改变领导个体的偏见,提升领导个体的领导能力(何丽君,2009)。

领导力剧场的实施主要包括以下环节:① 领导力剧场的人员匹配。领导力剧场的编导小组成员要优势互补,从戏剧、管理和培训等多视角进行分析,结合领导需求,找准关键问题,共同研发出适合集体需求和领导个体需求的领导力剧场活动。在领导力剧场中,培训者所扮演的角色是导演,"引导"领导

"忘却自我,融入角色"。培训者将领导者分成不同的小组,并产生组别负责人。分组配置应注意年龄、性别、职务和性格等方面的搭配。② 领导力剧场的主题选择。领导力剧场的主题一般是领导实践中的重点问题、难点问题。③ 领导力剧场的操作流程。培训者要提前将剧本和问题发到领导者手中。领导力剧场的操作流程可分为"入情"体验和"入理"反思两个阶段。在领导力剧场实施过程中,领导者分别担任剧场中的各个角色,用戏剧的形式再现和感受生活中的领导场景。培训者要用问题引导领导者走出体验情境,走进理性思考,不断进行领导力的反思和对话。④ 领导力剧场的舞台设计。领导力剧场并不需要仿效豪华的戏剧舞台。培训者可以尝试三类领导力剧场的舞台设计:镜框式舞台;伸展式舞台;环形剧场。总之,领导力剧场有助于激活领导者的内在情感,深化其对领导艺术的理性认识,提升领导能力,值得领导力开发项目中加以运用和推广。某培训机构"高效的团队建设剧场工作坊"议程如表10-3所示。

表10-3　某培训机构"高效的团队建设剧场工作坊"议程

流　程	主　题	时　间
(1) 学习契约的订立	暖场热身	10分钟
(2) "我是一粒微尘"	团队成员之间的融合	40分钟
(3) "记得拉着我的手"	"黑暗中的对话"剧场	40分钟
(4) 团队故事剧场	分组表演关于跨越五种团队机能障碍的剧场:缺乏信任、惧怕冲突、欠缺投入、逃避责任、无视结果	70分钟
(5) 答疑	交流培训体会	20分钟
工作坊说明	团队精神是企业精神的重要组成部分,是不断增强企业凝聚力和竞争力的精神力量。本工作坊采用雕塑剧场和即兴表演、团队集体创作故事等剧场技巧,旨在帮助管理人员深入了解自身和他人,促进团队成员之间合作能力的提升	

资料来源:笔者收集的内部培训资料。

三、领导力开发的实践案例

(一) 哈佛大学公共部门领导力中心的领导力教学

哈佛大学肯尼迪学院公共部门领导力中心(Center for Public Leadership)

成立于2000年,其使命是"培养有原则的、有效的公共部门领导者。作为全球领导力学习的中心,我们将学术准备与实践相结合,以建立积极改变世界的领导者所需的知识和性格"。该中心的领导力发展项目,包含了众多颇具匠心的领导力课程,目的是通过体验式学习、同辈学习、深思熟虑和有意识的自我反省,培养重要的领导能力,让学生能够领导和影响他们所服务的共同体。目前,该中心的师资致力于领导力的前沿研究,并以新的方式将理论转化为应用实践。中心的诸多课程,多年来已经成为哈佛大学肯尼迪学院最受欢迎的课程之一(Heifetz, 1989)。本章仅选取其中的一门课程,介绍该中心卓有成效的领导力教学概况。

"公共叙事:领导力、说故事与行动"(Public Narrative: Leadership, Storytelling and Action),是哈佛大学肯尼迪政府学院领导力课程体系中的一门实训课程。该课程旨在帮助学员提升运用叙事进行公众激励与集体行动的领导能力。课程主讲马歇尔·冈茨博士长期致力于领导力专题研究与实践,曾负责2008年奥巴马竞选团队的公共叙事培训。在马歇尔看来,公共叙事是一种领导力实践。领导往往意味着变革,意味着在不确定的条件下,担负起率众达标的责任。回应各种不确定性挑战,需要勇气,需要用希望代替恐惧、用共情代替疏离、用自尊代替自疑,这要求领导者能够借助叙事,发现共同价值目标所在,激发彼此共有的道德情感资源和行动力量。换言之,公共叙事是将生命故事中的价值观转化为情感资源,付诸行动的组织艺术。公共叙事是一种认知召唤、连接召唤,为实现目标携手共进的开放式学习。公共叙事是在个体、社团、组织、社会之间,建构认同并激发行动的话语过程、凝聚过程和领导力发展过程。

"公共叙事"课程主要包括两个内容模块和两大教学环节。第一个模块"公共叙事:我、我们与现在",是以叙事主体为核心,引介公共叙事基础理论,展开实训练习。第二个模块"公共叙事:失落、差异、权力与变革",则根据不同叙事情境,进行公共叙事理论与实践的深度拓展和研习(Ganz, 2011)。通过专题学习,课程试图将人们与生俱来的故事能力,从原先无意识的自发反应,逐渐发展为对故事的素材捕捉、结构安排、技巧应用、价值反思等内容的有意识的自觉,以丰富扩展领导力的层次和维度。两大教学环节是指课程以理论研讨与专题实训相结合的方式展开,采取四步教学法:讲解、示范、练习、汇报。首先,讲解公共叙事理论;其次,阅读分析并示范解读相关经典案例;然后,练习撰写个人作品;最后,向全班汇报研习成果。目前,两个独立的内容模块均为 7 个教学周,每周两次课程,每次课程 75 分钟。在每周中,前次课程主要是面向全班的理论研讨,后次课程是以小组形式进行的实训练习。除了正式课程外,每周还安排有 2 个小时的固定答疑互动时间和周末工作坊。马歇尔·冈茨博士设计了规范详尽的实训手册和助教手册,确保了课程任务目标的顺利完成(Ganz,2016)。

总体而言,"公共叙事:领导力、说故事与行动"课程以能力训练、问题解决为导向,综合运用理论学习、课堂研讨、案例研究、项目实习和叙事实训,强调开放性、创造性,从而全面提升参与者的公共叙事理论素养,提高领导叙事的实践水平。对于我国各领域各层级的领导者而言,掌握公共叙事的基本理论与方法,有助于增进对领导本质问题的更深思考,不仅了解领导者通过何种叙事去号召人们采取行动,而且把握如何有效运用这种方法,通过叙事去倡导和引导追随者的行动,实现从叙事"愿景"到叙事"现实"的转变(魏红,2017)。

(二)上海通用汽车公司的领导力发展体系

上海通用汽车公司(SMG)的领导力发展体系,已经被打造为对公司高层具有影响力的平台。这个金字塔式的领导力发展体系,通过组织跨部门领导力提升项目,培养管理者发现组织中关键问题的能力,进而推动跨部门创新(见图 10-1)。SGM 的领导力发展项目,着眼于实施够解决业务问题的项目。在建立领导力发展体系上,SGM 采取了"三步走"战略。

首先,更新领导者特质模型。SGM 未来需要什么样的领导者?为了回答这一挑战性问题,公司反思了以往的领导者特质模型,认为该模型已经无法满足公司的发展需求。为了充分发挥领导力改善组织氛围,提升组织绩效,需要 SGM 将领导力具化为各层级领导者的行为能力和价值主张。为此,人力资源部门在公司上下做了一轮访谈,放眼全球整个行业,与行业内全球最好企业进行对标,最后聚焦公司战略,正式推出 2.0 版本的领导者素质模型。该模型是一个"6+4"模型,包括六个行为能力(战略思维、持续创新、聚焦客户、果断决策、全局协同和培养他人)和四个价值主张(诚信、激情、承诺和使命)。领导者素质模型的每一项行为能力,都有清晰的行为要求定义,并针对不同层级的

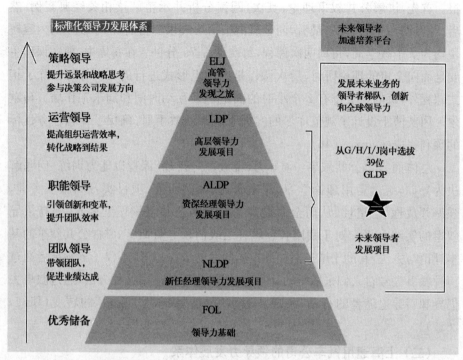

图 10-1　上海通用汽车公司的标准化领导力发展体系

资料来源：李茂、陶向南、冯云霞.上海通用：打造领导力体系，创建 HR 影响力平台.https：//www.hbrchina.org/2018-1101/6822.html.2020 年 4 月 30 日。

管理人员细化成不同的行为层级要求。

其次，公司上下达成共识。早在构建 2.0 版本的领导者素质模型时，人力资源部门的研讨人群就覆盖了公司核心骨干，研发、营销、制造、物流、采购等所有部门的执行总监以及公司总经理、副总经理和执委会成员等 40 余人。接下来，人力资源部门需要做的是跟公司各部门做全员沟通，确保人手一本《领导者素质模型手册》，帮助大家理解新的模型以及公司对每一层管理者的具体行为要求。除了沟通过程管理以外，公司的沟通语言也很有特色。人力资源部门采用公司员工熟悉的内部语言体系进行各级沟通。SGM 每年都在不断地修正组织架构，以适应新的组织需求。这对 SGM 来说带来了意想不到的结果：领导者特质模型推动了公司内部管理体系的持续更新。

最后，搭建领导力发展平台。领导者素质模型推出并在公司形成共识后，人力资源部门着手制定领导力差异化发展目标,开设不同的领导力发展项目,目的是真正实现基于领导者素质模型的领导行为能力的提升。公司根据内部组织层级设计了面向不同层级的领导者梯队,对应领导者特质模型的不同层面的培训要求。在开展项目时,SGM从最可能出成果的项目着手开始,目的是首先取得培训效应的"开门红"。这样,通过初期的成果来赢得高层更多的关注并争取更多的各方面资源,从而推动下一个项目的开始,最终完成所有层级的领导者素质培训。

通过"三步走"战略,SGM将领导者素质培训体系从一个单纯的各级领导者的管理技能学习提升平台,逐步拓展为一个公司内部跨部门沟通网络的构建和协调平台、组织内部潜力人才的观察和评价平台、非正式的晋升考核平台。对于高层管理团队而言,这些项目也为他们提供了接触不同层级领导人才的良好契机,从而获得了解基层业务链现状和挑战的机会,以及观察后备人才的机会。通过搭建领导力发展平台,人力资源部门成为公司不可或缺的战略伙伴。它不仅推动公司跨部门创新,而且使自身在领导者选拔方面拥有了权威的支持作用。

第十一章
领导者的心理复原力

在当今年代,外部环境充满了不确定性,为了成功地适应环境变化带来的挑战,领导者必须保持弹性和抗压能力,才能达成核心目标。作为变化时代领导者的一项必备技能,心理复原力所体现的自信、乐观和韧性,能帮助领导者有效应对危机和解决问题。

一、领导者心理复原力的内涵及意义

在组织的竞争优势中,通常受到关注的是人力资本及社会资本。然而,积极心理资本同样值得重视。事实上,"我是谁"(心理资本)与"我知道什么"(人力资本)以及"我认识谁"(社会资本)同样重要。心理资本是提升个体和组织竞争优势的一种重要资源。组织通过心理资本的开发,可以提高管理者和员工的积极心理能力,充分发挥其主观能动性,从而更加乐观、自信和坚韧地面对竞争。

心理资本包括四种积极心理能力:信心、希望、乐观和韧性(复原力)。其中,复原力会显著影响个体和组织的适应能力。有复原力的人相信生命的意义,他们接受现实,能适应各种变化。在艰难时期,复原力可以帮助组织实现绝地反弹。当今的社会环境充满了不确定性,各级组织越来越需要复原力以更好地适应变化和应对挫折。复原力不仅在明显的困境中能有所助益,例如,当个体遭遇裁员、解雇、晋升失败时;它也能在那些不明显的困境中起到作用,例如,当个体被团队成员忽视、受到歧视时。除了应对消极事件,复原力还能帮助人们应对积极事件带来的挑战,例如,当晋升给领导者带来更多责任和风险时。对于逆境、冲突、失败以及繁重的责任,复原力能使人们从中快速反弹或恢复过来,甚至发展得比原来更好;对于积极事件,它也能使人们从中获得进步和发展。

(一) 何谓心理复原力？

当今世界,许多组织面临着混乱导致的变局,压力与挑战随时可能出现,领导者必须具备从逆境中快速站起来的能力。领导者的心理复原力即是当他们在面对挫折以及压力时适应环境改变的一种关键能力。

1. 复原力的概念与内涵

我们在各种不同的领域都可以见到复原力的表现。例如,在生态环境中,生态系统能够抵御永久性的退化;在工程领域,桥梁、建筑物等建筑结构在遭受变形后恢复原状;在面临灾难时,经济社会可以维持正常运转;在商业领域,人们备份数据和储备资源以应对不时之需;在心理学中,一个人在经历创伤后可以有效复原。不管在哪种语境下,复原力都体现了共同的特质：面对变化时的恢复力和延续性。

心理复原力的研究起源于 20 世纪七八十年代,一些研究者发现了应对逆境的个体差异现象。即使处在同样的不利情境下,有些儿童和青少年显示出了良好的适应能力,有些人则出现适应不良。由此,研究者提出了复原力的概念。随着积极心理学思潮的兴起,复原力研究得到了进一步的发展。积极心理学研究者扬弃了以往关注问题心理的模式,从全新的角度挖掘个体的各种积极心理潜能。复原力的相关因素几乎涵盖了健康心理学中的所有积极品质,如自尊、自我效能、内控、自律、计划能力、责任感、乐观、敏捷、好脾气、高期望、成就动机、积极行动、问题解决能力、人际沟通能力等等。

复原力强的个人和公司一般具有三个特征：① 保持冷静,正视现实,而不是盲目乐观；② 价值观坚定,在危难时刻仍能积极寻找生活的真谛；③ 随机应变,善于利用现有条件解决问题。个人只要拥有其中一到两个特征就能平安度过危难。但是,只有具备所有三个特征,才能成为复原力强的人。对组织而言同样如此。

对于复原力的概念界定有三种研究取向：特质论、过程论和结果论。研究者认为,复原力包含特质、过程和结果三种内涵：① 人有自发复原的潜在认知、情感或行为倾向；② 复原力的运作是一种调适过程；③ 复原的结果是朝向积极、正向的目标。一般来说,对复原力的综合理解包括：危机、压力等负性情境的存在是复原力产生的前提;个体具备的积极心理特质是复原力的促进条件;外部资源的作用是复原力应对负性情境的过程;最终,复原力的结果表现在个体不仅恢复到原有状态,甚至能有更好的成长和发展。

2. 复原力:一种积极的心理学导向

复原力概念受到重视与心理学发展的新趋势——积极心理学运动是分不开的。20世纪末,心理学家马丁·塞利格曼(Martin E. P. Seligman)和米哈里·契克森米哈伊(Mihaly Csikszentmihalyi)首创了积极心理学研究领域,他们一反20世纪中后期心理学过分关注人性的消极面和弱点的研究取向,将心理学引向探索和促进人类性格力量发展和美德完善的轨道;强调心理学要研究人的积极因素,聚焦于个人发展的优势而不是劣势;强调施展人的积极主观能动性,关注于发挥人的最佳状态的条件和过程,并探索人的健康发展途径。而这也正是复原力的本质所在。

积极心理学的主要研究内容包括:① 积极的情感,如幸福感、满意感、快乐感、构建未来的乐观主义态度等;② 积极的特征,如自我决定、美德、爱的能力、对美的感受力、毅力、创造性、关注未来、灵性、天赋和智慧等;③ 积极的社会制度,如社会关系、文化规范、利他行为、对待别人的宽容、社会责任感以及潜能发展的家庭影响等。

塞利格曼认为,积极心理学的力量在于帮助人们发现并利用自己的内在资源,进而提升个人素质和生活品质。每个人的内心都有一种自我实现的需要,这种需要会激发人的内在力量和优秀品质,让人最大限度地挖掘自己的潜力、激发活力与创造力。

(二)心理复原力对领导者的重要性

对于总会碰到各种艰难困境的领导者来说,心理复原力至关重要。比起教育、经验和培训,复原力更能决定领导者未来的成败。世界一流的领导者无不具有令人印象深刻的复原力。这些领导者会为自己、组织或整个社会提出崇高的使命,并竭尽所能去实现目标,即使遇到困难与挫折也绝不退缩。尤为重要的是,领导者的复原力会深刻影响其追随者和支持者。

1. 复原力帮助领导者有效应对危机和压力

在动荡时期,组织容易遭遇各种形式的危机。危机事件具有模糊性、高风险性和紧迫性等特点,会带来破坏、中断与挫折,威胁公众安全和福祉。实践中,领导者处在各种矛盾的交汇点,经常面对各类突发性危机事件的考验。领导者的复原力越高,抵御外界风险的能力就越强,也越能有效地应对危机事件。

危机本质上是一种威胁,通常会引起人们的愤怒、焦虑、抑郁、绝望等消极情绪反应。一般而言,人们不大会从危机中看到积极面。然而,在具有学习倾向的领导者看来,危机不仅仅是威胁,其中也蕴藏着机会,可以带来积极的结果。危机本身并不能给人增添力量和优秀品质,但危机的出现为领导者提供了一个展现自己优秀品质和潜在能力的机会。在危机面前,有复原力的领导者展现出独当一面的人格魅力,他们有稳定的价值观,始终保持谦逊的心态,接受现实,深信生活的意义。因此,他们对变化安之若素,在生存的重压面前没有慌乱,能够有效地应对压力和适应重大变化。

在危机期间和危机之后,领导者的积极取向和行为对于实现组织的积极结果至关重要。具有积极心态的领导者会学习并适应迅速变化的环境,在危机的不利情境中看到各种可能性,并且更倾向于在危机情境中确定积极结果。为此,领导者必须持有这样一个视角,能引导他们在危机中看到积极的潜力。他们还需要清楚分析自己的优势,制定具备可行性的计划,并付诸行动努力实现目标。在危机时期,一个总体的积极取向可以帮助领导者和组织实现复原,在发生威胁事件后迅速恢复正常。

2. 复原力有助于领导者的个人成长

每个人都需要复原力,领导者更是如此。特别是处在当今社会急剧变化的时代,复原力已成为领导者的一项必要技能。成功应对逆境的领导者能够用健康的方式应对生活中的不幸。当压力和伤害来袭时,他们也会感到痛苦和失落,但他们不会一蹶不振,让自己持久陷入这些负面情绪当中,而是很快调整好自己的状态。一个意想不到的结果是,他们不仅愈合了伤口,而且往往反弹得比以前更强。在克服逆境的同时,他们还能开发出新的优势。

根据领导力开发的"7-2-1"法则,在领导力的提升中,约有70%来自实践经验与见识,20%来自向他人和榜样学习,10%来自课堂培训或阅读。其中,经历各种艰难困苦是最有成效的学习途径。逆境能激发人的身心潜能,促使人积极调动一切资源,采用各种应对手段。应激状态下人的直觉思维空前活跃,如"急中生智""机变如神"等就是生动写照。在应对困难过程中,人能得到成长和发展,并收获领悟,在以后遇到类似困难时便可从容应对。复原力在领导有效性中发挥了重要作用。有复原力的领导者善于在压力下迅速恢复到正常状态,并做到自我提升、引导追随者。

3. 复原力有助于创建充满活力的组织

复原力是领导力中不可或缺的一个要素。领导者不仅仅要提升自身的韧性,而且需要引领追随者共创集体韧性。领导力的要义就在于领导者能够以自身能量影响他人。在挫折之后,每个领导者都面临着这一挑战:如何才能让组织成员的信念和行为朝向更积极的一面?此时,领导者需要让自己成为一个教练的角色,引导团队共同成长。从领导层到员工,复原力有一种逐渐向下的影响效应。在面对工作逆境时,领导者可以通过表露积极乐观的情绪、使用坚定有力的语言、展示不轻言放弃的态度为下属树立榜样。久而久之,在潜移默化中,成员应对工作逆境的心理复原力也随之提升。

在变动和不确定的年代,组织的唯一可靠优势就是因应变化的能力,甚至要在情势发展到非变不可之前就做好相应的准备。这种可随着环境改变、持续重建的能力就是复原力,而达到这种复原力的策略就在于一个字——"变"。策略复原力不只是被动应对来袭的某一次危机或挫折,而是要判断出长远的发展趋势,并做出提前的因应和调整。唯其如此,领导者才能掌控变迁、克服压力,在逆境中成长、从挫折中奋起。实践证明,复原力可以有效地帮助领导者打造积极的内部环境,在恶劣的环境中也能维持能量和正面感觉,使组织内在活力和潜力得以释放,抵抗外界困难的免疫力得以提高。

二、领导者心理复原力的形成机制

复原力的存在十分广泛。无论是面对自然灾害还是丧亲,人群的不同反应模式分布几乎相同。不管遭遇何事,只有不到1/3的人会患上创伤后应激障碍,而那些具有复原力的人都会多于1/3,比例在1/3到2/3之间。人类的反应模式具有普遍性和一致性。个体的复原力跟很多因素相关。在面对逆境时,那些能够更灵活适应的人通常拥有自我意识上的恢复力和自我控制能力,他们能更好地应对各种挑战,最终获得成功。

(一)复原力形成的前提:风险因素

风险因素可能来源于个体自身和环境中的各种生活压力应激或创伤事件,它们会增加个体出现消极发展结果的可能性。虽然风险因素造成了个体发展中的逆境,影响发展结果,但风险因素出现的同时也是复原力形成的前提。自然界的例子显示,一个偶尔发生一点小故障的动态化系统反而比那些貌似完美的系统更加稳健。例如,如果人为干涉零星小火灾的发生,那么森林就会聚集大量的易燃物,一旦遇火就可能引发毁灭性的灾难。而适度规模的森林小火灾能够确保抗火树种和新树种的生存空间,却并不会毁坏整个系统。人也是如此,偶尔的小病会激发人的免疫力,使人不会一下子被大病击倒。

风险多数是两极维度,可能产生正性结果,也可能产生负性结果。对有复原力的人来说,不利情境也能变为有利条件。许多风险因素会产生"资产"或"资源",带来更好的结果。有的人乐观自信、受人欢迎,从而更能适应变化;有的人善于交际、寻求帮助,从而有更多的资源去应对不利处境,产生复原结果。

(二)复原力的作用来源:保护因素

保护因素就是保护人们应对风险的因素。个体的保护因素与风险因素相互作用,即为复原力产生的过程。保护因素不是指直接让人感觉良好的因素,就如同药物和免疫系统,不是直接促进生理健康,而是成功应对病毒感染。保护因素能影响个体调整、改善或改变对危险环境的反应。

关于复原力的研究发现,即使是在极为恶劣和危险的环境下,有些个体也能克服种种困难,保持良性的发展。正是复原力的保护因素促使他们克服了逆境,走向积极发展。保护因素一般分为内在保护因素和外在保护因素两类。内在保护因素指个体本身所具有的人格特质、生活态度和心理能力,如积极的气质、高自尊、高自我效能感等。外在保护因素指在外部环境中存在的促进个体适应的因素,包括提供情感支持的社会网络、亲密的友谊、安全的学校或工作氛围、重要的人生转折点及获得的发展机会等。

1. 复原力的内在保护因素

复原力的内在保护因素主要指个性因素。具有保护作用的个体特质有:积极的气质、责任感、灵活性、共情和关心、幽默感、高自尊、自我价值感、高自我效能、内控、沟通技能以及问题解决能力等。这些个性中的保护因素可进一步分为认知因素和特殊能力两类。认知因素包括乐观、创造性、幽默、提供存在意义的信念系统、对自我独特性的欣赏等;特殊能力包括有效的问题解决技巧、社会适应能力、向外寻求资源、关系建立、目标定向、高于一般水平的记忆能力等。此外,健康期望、成就动机、教育志向、坚持不懈、希望、坚韧、预期感、肯定的未来感以及一致性等因素,也可以有力地预测积极结果。

2. 复原力的外在保护因素

复原力的外在保护因素指在家庭、学校和社区等更大的社会环境中所拥有的能促进个体复原的积极因素。外在保护因素的理论认为,复原力主要来自人际关系,而非"坚强的个人"。复原力强的人会充分利用社会环境资源,获得多方面的支持。他们会从熟人、朋友、单位、学校、社区等处获得帮助。如果在某方面不能取得帮助,也会通过另外一些渠道获得补偿。复原力强的人往往会有很多知己好友,一旦遇到困难或者挫折,这些朋友就成为他们最强有力的支持资源。

由于社会环境和个体之间存在不同的互动关系,社会环境既可能增强我们的复原力,也可能会削弱我们的复原力。相对来讲,复原力弱的人往往缺乏有效的沟通和处理问题的能力,或者采取的应对方式比较单一,对社会资源的利用比较少,不知道怎样获得社会支持和帮助。当碰到重大的事件、困难或者灾难时,他们就会感受到强大的冲击力,缺乏保护支柱,导致产生身心方面的障碍或者疾病,甚至心理创伤。

(三)各因素内在作用机制的复原力模型

从个体应对危机情境的保护机制看,复原力可以通过免疫、补偿和挑战这三种运作模式发挥作用。首先,个人过去的成功经验能帮助应对类似的压力情境。其次,个体特质或环境资源能对危机的破坏性影响起到一定的调节作用。最后,危机促发和提高了个体应对困难的能力。在应对危机事件过程中,这三种模式可能单独出现,也可能交互出现,或在不同阶段依次出现。

在实际生活中,保护因素和危险因素同时存在,要深入理解复原力的作用机制,就需要充分探讨保护因素和危险因素之间的交互作用过程及其结果。Richardson(2002)提出复原力的过程模型(见图11-1),从瓦解与重新整合的角度来看待复原力。当面对压力生活事件或不利情境时,个体会利用身边的

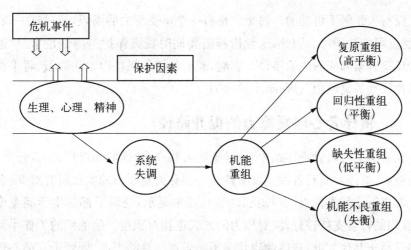

图 11-1　复原力的过程模型

资料来源：G. E. The Metatheory of Resilience and Resiliency [J]. Journal of Clinical Psychology，2002，58：307-321.

各种资源来应对，以保持生理、心理和精神的平衡状态。

该模型的核心是动态平衡。一开始个体处在平衡状态，在遭遇应激事件后，个体会调动起内外部的诸多保护因素与危机事件相抗衡，以维持平衡。若抵抗无效，个体会体验到一些消极情绪，并且原有的认知模式也受到了冲击，不得不加以改变。随后个体会重新进行整合，并可能导致四种不同的结果：① 达到更高水平的平衡状态，亦即复原状态，个体的能力得到了增强；② 回复到初始平衡状态，个体维持了暂时的心理安逸，没有改变；③ 建立起较低水平的平衡，此时伴随着丧失，个体不得不放弃了原有的一些动机、理想或信念；④ 出现失衡状态，此时伴随着功能紊乱，个体采取一些不健康的方式来应对生活压力，如破坏行为、药物滥用等。

在该模型中，复原力状态并非指一般意义上的"恢复"，而是指瓦解与重新整合之后达到的更高平衡状态。在应对逆境的过程中，保护因素与风险因素之间进行着力量较量，前者是增强复原力的因素，后者是加剧个体脆弱性的因素。风险因素可能是多个负性事件影响的综合，如失业同时导致经济危机和家庭矛盾。保护因素会与多个风险因素进行多重相互作用，形成复杂的应对。如果保护因素无力抵抗危险事件的冲击，系统失调就会出现。只有当保护因素居于强势地位时，个体才会出现良好的适应。

没有人是坚不可摧的。每个人都有一个承受压力的阈限,超过这一阈限,他/她就可能被压垮。因此,干预措施需要同时提高保护与降低危害。"通过减少风险因素和应激生活事件的影响,或通过增加保护因素的数量,将平衡从易染性转变为复原力"(Werner,1990)。

三、领导者心理复原力的提升路径

在我国的行政管理体系中,领导干部人数众多,他们职能广泛、责任重大、地位重要,要经常面对各种突发事件。一项有关复原力的实证研究对97名处级干部进行了问卷调查(罗凤英,2012),结果显示,处级干部的生活满意度较高,获得的社会支持较好,应对压力的方式也相对积极。但他们的工作生活压力显著高于其他人群,身体健康状况不容乐观。总的来说,处级干部的心理复原力处于中等水平,有待进一步提升。

复原力是一种动态的、有延展性和可开发的心理能力,可以通过学习获得,也可以不断提高。复原力不仅与领导者的信仰、价值观、性格和经历有关,还和他/她的思维习惯有关,是可以培养和改变的。当前,许多著名企业在领导力发展项目中都引入了复原力,如谷歌、高盛、联合利华等公司。众多国际商业咨询和培训的环节之一就是提高领导者的复原力。对特定组织的复原力发展项目已经出现,如2008年美国西点军校开展的士兵综合素质项目(CSF),邀请了塞利格曼等专家来实施,采用的是 PERMA 指导框架,涵盖积极情绪(positive emotion)、投入(engagement)、关系(relationships)、意义感(meaning)和成就感(accomplishment)。有些中国企业则尝试通过戈壁徒步的方式进行坚韧的团队建设,以提升领导复原力。

(一)积极应对危害因素

作为领导复原力形成的重要前提条件,危害因素可以刺激领导者的成长和自我发展,促使领导者发挥潜能。与其消极地回避危害,领导者不如采用一种积极的视角来看待危害因素,把它们当成挑战与发展的机会。例如,晋升是领导者成长进步的机会,但同时要承担更多的责任和压力,因此对领导者来说也是一种危害因素。如果为了消除危害而采取回避的方式,人们可能就会拒绝晋升,这样一来也就失去了职业发展的机会。因此,从长远来看,采用积极的适应性策略来应对危害显然更加可取。比如,通过寻求帮助、广泛搜集建设性反馈建议等方法,提高自己在新职位上的自我效能感,领导复原力也就得到了提升。

(二) 开发领导者的复原力资产

许多因素会影响到领导复原力的强弱,提高这些韧性资产和资源水平,领导者就更有可能产生积极结果。工作场所中的复原力资产包括人力资本、社会资本和心理资本。要增强教育、经验、知识、技能和能力等人力资本,尤其是一些显性的知识、技能和能力,可以通过传统的培训方式;要开发人际关系、社会网络等社会资本,可以利用开放的沟通、信任、反馈和认可、团队工作及工作-生活平衡措施;要培养自我效能、希望、乐观等心理资本,可以通过发现个人的内在力量、培养人际技巧和问题解决能力。

个体的韧性特质,诸如认知能力、积极的自我知觉、情绪稳定性、社会胜任力、问题解决技能、洞察力、独立性、自主性、目标感和意义感,都有助于复原力的提升。Reivich 等(2002)识别出"了解自己"和"改变"这两类不同的技能。他们采用基于活动的培训项目来开发参与者的复原力:一是当事情出错时,跳脱负性思维陷阱,调整对问题的信念;二是保持冷静和专注,避免情绪化;三是找到有效的解决方案。在领导复原力开发中,以下资产尤其值得关注。

1. 积极的价值体系

那些最成功的组织领导都拥有强大的价值体系。在危难时期,坚定的价值观能引导人们对当前环境进行客观理智的认知评估,更好地理解不幸,发现周围环境中的积极意义,从而更好地应对危难,并提升复原力。拥有积极价值观的人会把逆境作为一个学习的机会,他们认为从失败经验中能比成功经验学到更多的东西。许多成功的领导者都曾经历过一些重大的失败,他们把自己的成功归因于做一个"学习者"。有领导者坦言:"为了学习,我要尽快地犯尽可能多的错误。""错误不过是做事的另一种方式。"在积极的领导者看来,失败并非终点,而是新的起点。塑造一个人的不是失败本身,而是他应对失败的态度和方式。复原力强的人总能努力寻找生活的价值和意义,从不幸中找到一些积极的东西。

美国著名发展心理学家卡萝尔·德韦克(Carol S. Dweck)提出的心理定

势理论(Dweck,2006)认为,人有两种对能力来源的信念:固结型和成长型。固结型的人认为能力是固定不变的,成功了证明有能力,失败了证明缺乏能力。成长型的人则认为能力可以通过不断学习而得到发展,失败只是提供了一次学习的机会。固结型的人停留在过去,而成长型的人面向未来,他们的压力更少、成功更多。因此,领导者应注重培养自己的发展性思维,避免采用固定性思维方式。

这是一个充满挑战的时代,变化和逆境不可避免,领导者只有用积极的价值体系引导自己的言行,才能有效应对困难。是把错误看作学习及成长的经验,还是把错误当成失败的佐证,这是复原力高的人和心智不够坚韧的人的重大区别。复原力高的领导者通过理性的认知,用全面和发展的眼光,从消极事件中看到积极面。他们怀抱切合实际的积极期望,了解自己的优缺点,接纳自我及他人,愿意去尝试以改善现状,过着与自己的价值观和目标相契合的均衡生活。研究发现,合理的乐观对管理者和员工的身心健康、成就取向和动机因素能产生积极影响,促进职业成功。这种积极的问题应对习惯有助于领导者更快地从困境中恢复。

2. 坚韧的人格特征

坚韧性是领导者必备的一种意志品质。大量证据表明,坚韧的人格特质有助于缓冲极端应激事件的影响。古往今来,凡是有所成就的人,都具有极强的韧性。坚韧性由三个维度组成:① 控制维度,相信自己可以控制所经历的事件;② 承诺维度,能深刻感受到自己对生命活动的投入,并在这些活动中找到意义;③ 挑战维度,将变化理解为对进一步学习和成长的挑战(Kobasa,1979)。在评估潜在的压力性情境时,拥有以上信念的坚韧个体感到压力情境的威胁性更小,从而将对压力的体验最小化。

坚韧性对健康有积极影响。研究发现,与那些不那么坚强的高管相比,那些拥有对自我的坚定承诺、对环境的活力、强烈的意义感、内部控制源强的高管,他们在面对高压力事件时的身体疾病更少。具体而言,控制和承诺维度通过缓冲压力事件的影响,直接作用于健康(Van Treuren and Virnelli, 1987)。坚韧的个体同时更加自信,能更好地运用积极的应对和社会支持,从而帮助他们应对困境(Florian, Mikulincer and Taubman, 1995)。具有高度坚韧性的领导者对压力事件具有抵抗力,在面对挑战时能更好地利用社会资源,这使得坚韧成为复原力和适应性的重要特征。

3. 正面的情绪体验

研究发现,积极情绪和心理复原力之间存在着紧密的联系。在面对负性事件时,积极情绪对于提升应对资源起到了至关重要的作用。Fredrickson(2001)的积极情绪的扩展和建构理论认为,在应激状态下,个体的不同情绪状态会建构起不同的心理资源。面对威胁时,积极情绪能拓宽注意范围,开放人的思维,产生多种问题解决模式,促进灵活的问题解决,从而加强和促进了一个人的应对能力。反之,消极情绪会缩小人的注意范围。在消极情绪作用下,个体为了避免受到伤害,倾向于采取攻击或逃跑的行为来应对威胁。消极情绪会削弱人的免疫系统,降低复原力。

高复原力个体更易于产生积极情绪,并从积极情绪中受益。甚至在压力情境下,他们仍能体验到积极情绪,从而帮助他们成功复原。复原力高的领导者不仅自身时时展现出积极情绪,他们还善于创建积极的组织氛围,用自身的积极情绪感染周围的人,从而创造了一个支持性的社会网络,而这有助于他们的应对过程。

4. 应对困难的能力

复原力强的人遇到困难和挑战时不退缩、不放弃,他们能灵活地采取权宜之计,尝试各种办法来应对困难、化解危难,不管现状如何困难都能设法克服。即使在没有现成或合适的工具与材料的情况下,也能够很快想出解决办法。那些把焦点放在如何解决问题上的人,比那些遇到困难就放弃、感觉无助或变得非常情绪化的人更有机会复原。

复原力强的人对于成败的归因很实际,他们相信问题可以解决,他们一般也比较能妥善地处理压力。在遇到困难时,他们会更多地想办法解决问题,而不是逃避问题。总的来看,他们解决问题的方法比较多,处理问题的能力也比较强。应对困难需要善用手头资源,知道如何利用个人擅长的技能和知识,懂得向人求助,并及时行动。

除了努力自救,复原力强的人通常还会向他人伸出援手。在危机和变化发生期间,领导者的自信、韧性和同情心,使他们能在混乱的情况下为大家提供宽慰和稳定性。在平常的稳定时期,复原力的重要性似乎并不明显;但是,一旦危机出现,复原力强的人就显示出与众不同之处,站出来显示领导作用。

(三) 建立良好的外界支持系统

要促进领导复原力潜能的开发,除了培育领导者个体的韧性特质等复原力资产外,还需要来自外界环境的资源支持。在不利情境中,个体特质和外界支持共同保护领导者维持积极的发展。这些外界的支持力量通常统称为社会支持系统,主要包括家人、亲友、同伴以及社会团体等提供的物质和情感支持。除了个体所拥有的社会关系的多少,社会支持还包含个体对社会支持的主观感知和利用程度。只有建立了良好的社会支持系统,领导者在应对危机时才能确保有充分可调用的外部资源。

在高应激状态下,良好的社会支持系统能促进积极应对方式的建立,缓解压力。在缺乏社会支持的情况下,人们会形成消极的应对方式,可能损害身心健康。在非应激状态下,社会支持也能帮助个体维持良好的身心状况。社会支持资源可以通过提供动力和温暖,有效地帮助领导者从压力中复原。因此,领导者要善于发现生命中的"贵人",建立一个互信的人际网络,通过广泛寻求帮助,提升自身的复原力。

为增强应对困难的复原力,领导者应加强同上级、同级及下属的沟通和联系,改善组织内部和外部的人际关系,营造和谐、开放、宽容的组织氛围,让团队成员相互协作。提高团队的认知多样性,有助于问题的解决。很多社群之所以在各种困难面前能够重整旗鼓,就是由于"沟通型"领导者的存在。这类领导者总有能力聚集社会上的各种资源,无论是政府机构、经济组织还是社会团体,他们都有能力把各个层次的力量结合起来。他们与上中下各个层级紧密合作,在各类群体之间架起一座沟通的桥梁,团结一切力量,整合一切可以利用的资源,最终达成自己的目标。

在社会层面,提供社会支持的有效途径是积极的社会制度,包括明确的政府职能、积极的工作制度等。当发生社会危机事件时,积极的社会制度能为人们提供物质上的帮助和精神上的支持,增加人们的归属感,促使大众出现积极的心理状态和行为。

四、领导者的整体复原力

具有复原力的领导者,即便身处高度的工作和生活压力之下,他们拥有的一系列积极的态度、信念和行为倾向能够使得自己免于困扰。综合来看，领导者的复原力表现在身体、心智、情感和精神四个层面（见图11-2）。

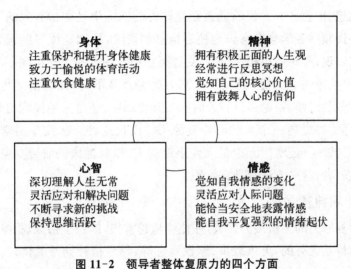

图 11-2　领导者整体复原力的四个方面

资料来源：林光明.坚韧领导力[J].清华管理评论,2019,4：32-41.

（一）身体复原力

身体复原力是基础。体魄强健的人无疑比身体虚弱的人更能有效应对压力。肩负巨大压力的企业家们大都非常注重保持身体的韧性，如马云苦练太极拳、王石50多岁还去登山。研究结果表明，领导干部的心理复原力与身体健康状况之间呈显著正相关，与抑郁和亚健康呈负相关（罗凤英，2012）。领导者所承担的工作责任和工作压力比较重，而压力影响健康；相应地，健康不佳也会进一步导致复原力变差。因此，领导者应当通过合理的饮食和适当的锻炼来增强自己的身体素质，以提升抗压能力。

（二）心智复原力

心智复原力反映了一个人在应对复杂脑力要求时的耐受力，特别是当面对持续性、变化无常的外界挑战时。如果未能有效处理危机事件，领导者常会怀疑自己的工作能力。因此，领导者要保持正面的自我看法，发掘自己的优点与正面特质，增强自尊自信。

(三)情感复原力

情感复原力包含对于自我情感以及人际互动情感变化的觉知和把控。在复原力上体现为面对强烈的情感冲击,能很快平复,恢复理性而不被负面情绪绑架。冥想、正念和有意识的觉察在复原力的训练中是非常有效的。冥想的训练能够让领导者学会有意识地控制自己的情绪,特别是练习慈悲为怀的冥想。研究发现,和对照组相比,那些受过冥想训练的人的正念得到了明显的提升,他们对生命的意义更明确了,控制力显著提高了,负面的情绪也减少了。在高度紧张的时候,不论是进行长时间的冥想训练,还是采用注意力集中的技巧,正念都能够提高一个人的心理复原力。而且这种方法简单易学、完全免费,其效果被一再证实。无论是天性乐观的人、相对健康的研究对象,还是那些心理脆弱者,这一方法都是有效的。

(四)精神复原力

精神复原力的力量最为强大,往往能超越常规,体现了持久、根本的韧性。信仰的力量是无穷的,英雄故事、钢铁意志等,都是精神韧性的体现。海伦·凯勒曾说:"有生活目的的人,能承受任何打击。"一个活在使命中的人会有惊人的力量,人们熟知的那些伟人都有着强烈的使命感。通过不断的自我反思,寻找生命中更大的意义,领导者就能够提高自身的复原力。

领导者所选择的信仰、培养的思考习惯,以及对于困难的处理方式都会触发涟漪效应,复原力能够由内而外辐射出去,影响领导者工作生活的场所、社区,甚至可能影响整个世界。

第十二章

心学智慧与领导力

1508 年的"龙场悟道"事件标志着王阳明心学的创立。从 500 多年来中国传统政治实践的历史图景来看,心学更多地被视为"江湖"民间之论,而非"庙堂"治国之学,始终未曾成为政治实践的原则和指导(王进,2018)。进入新时代以来,阳明心学受到前所未有的关注和重视。习近平同志在多个场合提到王阳明或引用王阳明的心学学说,指出王阳明的心学正是中国传统文化中的精华,是增强中国人文化自信的切入点之一。2015 年 12 月 11 日,习近平同志在全国党校工作会议上的讲话中指出:"党性教育是共产党人修身养性的必修课,也是共产党人的'心学'。"王阳明心学强调了人性的光辉和人的主观能动性,尤为注重"知行合一""实践精神""致良知"等。了解王阳明心学的形成发展及其修行智慧,对于提升领导者品行修养和领导能力具有较强的启示借鉴意义。

一、三教融合的传统智慧

"立德、立功、立言"的"三不朽"是中国古人最高的人格理想。历数中国古代人物,有的事功突出,但未有著作行世;有的德行高迈,但未有赫赫事功;有的留下传世著作,但未必德行亮洁。三个方面都有高度成就的,王阳明可以算作其中之一(张学智,2019)。王阳明心学是在吸取儒释道三教思想精华的基础上,并通过王阳明自身的身心体悟与事上磨炼,融会贯通儒释道三教理论要义并加以整合,最终以儒门圣学的文化思想形态卓然屹立于中国学术思想史(黄诚、钟海连,2019)。阳明心学基于宋代以来"新儒学"的思想成就,重新追溯儒家学说的古典精义,又整合了包括佛、道二教在内的不同思想形态,完成了以"良知"为核心的哲学架构(董平,2018)。

(一)"真三不朽"的传奇故事

1. 王阳明其人

王阳明(1472—1529),名守仁,号阳明,浙江余姚人,远祖为王羲之,父亲王华是成化十七年(1481)的状元进士。据《王阳明全集》①中《年谱一》记载,王阳明出生前,"祖母岑梦神人衣绯玉云中鼓吹,送儿授岑"。于是,他的祖父竹轩公把他出生和居住的房子起名为"瑞云楼",给王阳明起名为王云。但"先生五岁不言。一日与群儿戏,有神僧过之曰:'好个孩儿,可惜道破。'竹轩公悟,更今名,即能言。"借用《论语·卫灵公》中"知及之,仁不能守之,虽得之,必失之"的精义,更名为王守仁。

王阳明二十八岁中举进士,官至南京兵部尚书兼都察院左都御史,封号"新建伯",追封为"新建侯"。万历十二年,从祀孔子庙廷。王阳明是陆王心学集大成者,精通儒家、佛家、道家,是明代著名的哲学家、政治家、军事家、思想家、教育家。"立功立德立言真三不朽,明理明知明教乃万人师"。这是后人对王阳明一生的总结。在立德上,王阳明既有立志做圣人的理想抱负,又提出并践行"致良知"思想;在立功上,南赣剿匪、平定宁王叛乱、平定广西思恩、田州叛乱,事功卓著;在立言上,传世名著《传习录》及《王文成公全书》等影响深远。可以说是"文可提笔安天下,武能上马定乾坤",称得上"真三不朽"。

2. 阳明心学的影响

后世受阳明心学影响较大的著名人物包括张居正、曾国藩、康有为、梁启超、陈独秀、孙中山、毛泽东、蒋介石等。毛泽东少年时就曾读过王阳明的《传习录》,并逐句逐字做了批注。在湖南第一师范学校读书时,还写过《心之力》"我心既宇宙、宇宙即我心"的作文;蒋介石原名瑞元,后更为"中正",即是来自心学的"大中至正";到台湾后,更是将草山更名为阳明山,足以看出他对王阳明的崇拜。

阳明心学对日本的影响更是要超过在国内的影响力。日本明治维新领袖西乡隆盛、伊藤博文等重要人物都研究过阳明心学,他们充分重视心学思想中强调人的精神力量和意志,以及实践和实际行动的重要性。王阳明心学为当

---

① 本章所引用《王阳明全集》均为上海古籍出版社 2015 年版本,由吴光、钱明、董平、姚延福编校。

时日本一些主张"开国""求维新"和"独立主权"的人反对"锁国"和封建传统观念,提供了强有力的思想武器。最终,日本人成功推翻了持续 500 多年的封建幕府统治,实现了明治维新,完成了向资本主义的过渡。章太炎和梁启超都认为,日本明治维新,有王学为其先导。1908 年,蒋介石在日本留学,在日记中慨叹:中日两国之间的差距就在于一个王阳明。

(二)心学产生的历史背景

1. 社会时代背景

明朝中叶正是明朝从稳定向衰败、危机转变的时期。社会动荡、矛盾重重、内外交困。1506 年,明武宗朱厚照(15 岁即位,31 岁殁)即位,政局昏暗,朱厚照的玩伴、太监刘瑾为首的宦官集团掌权,南京一些官员上书建言却被捕入狱,甚至被杖毙,王阳明愤愤不平,上书要求明武宗"去权奸",从而得罪了刘瑾,被处以廷杖四十的酷刑,随后被贬为贵州龙场驿丞。刘瑾对王阳明的"去衣行杖"和"贬官边疆",反而以一种反作用力的方式催生了"心学"。

2. 思想文化背景

明朝建立后,明太祖朱元璋把纲常道德和儒家经典确定为统一思想的武器和进行教育的"圣经宝典"。在这种独尊儒术、推崇程朱的政治和文化背景下,知识分子们"此亦述朱,彼亦述朱",皆墨守朱子旧说,"格物穷理""修心养性"盛行于当时。青年时代的王阳明曾依朱熹"格物致知"之说"取竹格之",后由于格竹失败而致劳成疾。王阳明逐渐对程朱理学走向怀疑,并继承和发展陆九渊的"心学",以对抗程朱"理学",具有反教条、反传统的思想解放意义。

(三)心学的形成发展过程

明代大儒湛若水与王阳明互为诤友,王阳明死后,湛若水在《阳明先生墓志铭》中提到了王阳明创立心学之前的"五溺"之说,被广泛认可。"五溺"指的是:"初溺于任侠之习,再溺于骑射之习,三溺于辞章之习,四溺于神仙之习,五溺于佛氏之习"(《王阳明全集》下第 1149 页)。任侠之习就是打抱不平、扶危济困的侠义习气;骑射之习就是喜欢骑马射箭、排兵布阵;辞章之习就是能够作八股、应科举;神仙之习则是学习道教的长生之学;佛氏之习是指爱好佛学和禅修。这"五溺"对正统儒家来说都不是根本学问,而王阳明却走了这么多"弯路"。实际上,"五溺"恰恰酝酿着之后的巨大突破。从求圣贤无望后转向道家和佛家可以看出，王阳明对人生价值、如何安身立命等问题的思考显然是积极而迫切的。心学的形成发展过程大致沿着下面的几个脉络展开。

1. 立志做圣人

王阳明 12 岁时，就开始思考"何为人生第一等大事"的问题。他就此问题向塾师询问，老师回答"惟读书登第耳"，然而，王阳明断然表示，读书目的不是为了"登第"而应该是"读书学圣贤耳"（《王阳明全集》下第 1001 页）。从王阳明一生的成长发展经历来看，成就"圣贤"的确是其人生的"第一等大事"，最终他也实现了自己的志向。

2. 取竹格之

王阳明 21 岁时深信朱子"一草一木，皆涵至理"的道理，于是在其父的官署中"取竹格之"，结果"沉思其理不得"而导致疾病发作（《王阳明全集》下第 1002 页）。这之后，王阳明又重新埋头苦读儒家经典，"遍读考亭之书"，想要实现朱子所说居敬持志是读书之本、循序致精是读书之法的观点，但结果仍然使王阳明难以将物之理与己之心契合起来，并再次病倒了。这两件事对阳明思想的转化与发展具有重要的意义，王阳明开始对朱子理学产生了怀疑。

3. 龙场悟道

"龙场悟道"是阳明心学形成的重要思想史事件。1507 年，王阳明被贬为贵州龙场驿丞。王阳明抵达龙场后，心灰意冷、状况极差，日夜默坐反省，并在心中反复问自己："圣人处此，更有何道？"最终，王阳明在一个夜晚于打造的石棺之中顿悟："圣人之道，吾性自足，向之求理于事物者误也。""圣人之道，吾性自足"八个字，代表着王阳明与朱子理学分道扬镳，开始创建属于自己的思想世界。顿悟后的王阳明开始行动起来，在龙冈盖了几处小房子，甚至还建了龙冈书院，对当地苗族人进行教化。慢慢地吸引了当地政府和文人的注意。一些大人物开始同王阳明交往，请王阳明讲学。龙场悟道次年，王阳明提出了"知行合一"命题，知行合一的理念也由此被传播出去。

4. "知行合一"思想的应用

王阳明的前半生主要是对于"知行合一"的探索，而后半生则是对于"知行合一"思想的应用。王阳明从龙场二请出山后，也是他后半生辉煌生涯的开始——45 岁南赣剿匪、47 岁平定宁王叛乱、56 岁平广西思田之乱。王阳明生平所指挥的三次大型战役,"知行合一"思想都发挥了重要作用。

遗憾的是,王阳明的身体状况一直不佳,广西平乱之后病得就更厉害。1529年1月9日,57岁的王阳明在返乡途中重病,将弟子周积招至身边。周积含泪问老师有何遗言,王阳明淡淡答道:"此心光明,亦复何言?"然后溘然长逝。

阳明心学学说可以说是破解了三大问题,即"理在哪里""理作何用""理的来源"。王阳明37岁龙场悟道,提出"心即理"命题,着重回答"理在哪里"的疑问,即是要反观内心;38岁提出"知行合一"命题,旨在回答"理作何用"的问题,是同实践分不开并指导实践的;50岁揭"致良知"之教,旨在回答"理的来源"问题,即来源于人性本有的良知。56岁天泉证道,确定四句教法,即"无善无恶心之体,有善有恶意志动,知善知恶是良知,为善去恶是格物"。心学学说至此完善。

二、知行合一的修行之道

(一) 心即理:修行的方向

1. 怀疑的转折点——禅师归家寻母的故事

王阳明对朱子学说的怀疑缘自一个转折性事件:

往来南屏、虎跑诸刹,有禅僧坐关三年,不语不视,先生喝之曰:"这和尚终日口巴巴说甚么!终日眼睁睁看甚么!"僧惊起,即开视对语。先生问其家。对曰:"有母在。"曰:"起念否?"对曰:"不能不起。"先生即指爱亲本性谕之,僧涕泣谢。明日问之,僧已去矣。(《王阳明全集》下第1004—1005页)

王阳明从这件事上明白了一个道理:不管何时、何地以及什么样的理由,人性都不会被泯灭。这个事件也是王阳明对朱熹"存天理去人欲"产生怀疑的转折点。纠结的点就在于"人心"和"天理"究竟是分离的,还是合一的?也就是从那一天起,王阳明意识到,将天理和人心分开是不对的。可是,理又在哪里呢?王阳明一直思索了好多年。直到经历一系列挫折后在龙场终于悟道。

在巨变、挫折及残酷现实的压力之下,王阳明无奈到极限,他给自己打造了一个石棺。夜晚就躺在石棺之中穷尽所思。前半生的所有事情历历在目,不断思考琢磨生命和道、理之间的关系,于一晚突然顿悟。龙场悟道究竟悟到了什么？一句话："始知圣人之道，吾性自足"。以前寻求成为圣人的条件和理解，都搞错了方向。求圣的方向不是客观的万物，而是修炼自己的心，即"内求"。圣道求己，在吾心而非求诸外物。他由此提出"心即理"的命题。中华文明史上一门伟大的哲学——心学，就此诞生。

2. 心即是理：此心无私欲即是天理

"心即理"是王阳明心学的第一命题。王阳明认为，认知事物是人的一种本能，人心的本体是"至善"，将认知事物的本能发挥到"至善"状态就能够心如明镜，这种纯洁至善之心即是天理。

"且如事父，不成去父上求个孝的理；事君，不成去君上求个忠的理；交友、治民，不成去友上、民上求个信与仁的理。都只在此心。心即理也。此心无私欲之蔽，即是天理，不须外面添一分。以此纯乎天理之心，发之事父便是孝，发之事君便是忠，发之交友、治民便是信与仁。只在此心去人欲、存天理上用功便是。"（《王阳明全集》上第2页）

孝敬自己的父亲，不会去父亲那里探求孝的道理；事奉君主不会去君主那里探求忠的道理；交友和治理百姓，不是从朋友和百姓那里探求信和仁的道理。孝、忠、信、仁这些本就在自己心中。没有被私欲迷惑的心，就是天理。用这颗纯洁至善之心，在侍父上表现出来就是孝，在事君上表现出来就是忠，在交友和治理百姓上表现出来就是信和仁。所以，一切的根源都在人的内心，人的修行只需在自己心中下功夫去私欲、存天理就行了。

3. 心外无物：心是建构意义世界的源泉

先生游南镇，一友指岩中花树问曰："天下无心外之物，如此花树，在深山中自开自落，于我心亦何相关？"先生曰："你未看此花时，此花与汝心同归于寂；你来看此花时，则此花颜色一时明白起来，便知此花不在你的心外。"（《王阳明全集》上第94页）

"心外无物"更加强调"心"是生发意义的源泉，外在世界尽管五彩缤纷，但对"我"毫无意义可言。"寂"的意思是"不彰显"，并不是"不存在"。"一时明白起来"代表着有了意义与价值。通过强调人的现实实践活动来把"寂"转变为"显"，把原先于"我"而言为"寂"的客观事物转换为"显"，从而使其存在的意义与价值得以彰显。"心外无物"不是说离了心这个世界就不存在，而是这个世界成为"僵死的、没有内涵的存在"。"情人眼里出西施",就是用意识的方式赋予或激活了美的因素。

"心外无物"称得上是主观唯心主义吗?王阳明在《答顾东桥书》中的一句话对此予以了回击:"夫物理不外吾心,外吾心而求物理,无物理矣。遗物理而求吾心,吾心又何物邪?"(《王阳明全集》上第37页)"无心外之理,无心外之物"所要表达的是,任何规律、法则和事物都不能脱离人的认识而存在,而不是否定规律、法则和万事万物的存在。同样,人的意识也不能脱离这些东西而单独存在。二者并非是对立的,而是一个有机的整体,外物因为人的认识变得意义和价值,精神(认识)因为外物有了归宿和追求。

(二) 知行合一:修行的方法

知行合一是阳明心学最具"普世性"的思想遗产。针对朱熹的"知先行后"说,王阳明在龙场悟道次年提出"知行合一"的命题。他认为,从实践论的角度看,知行"原是一个"而不可"分作两事","只说一个知,已自有行在;只说一个行,已自有知在"(《王阳明全集》上第4页)。两者不是两块内容,而是一件事的两个方面。知道与做到是一件事的首尾两端,知包含行,行即是知。

1. 知行只是一个工夫

"行之明觉精察处,便是知。知之真切笃实处,便是行。若行而不能精察明觉,便是冥行,便是学而不思则罔,所以必须说个知。知而不能真切笃实,便是妄想,便是思而不学则殆,所以必须说个行。元来只是一个工夫。"(《王阳明全集》上第176页)这里的"工夫",主要是强调修行的过程。在修行的过程中,知即是行,行即是知,两者不可也不能分裂开来。

2. 知而不行,只是未知

王阳明认为,有的人嘴上说知道但实际上做不到,他们的知和行"已被私欲隔断,不是知行的本体了。未有知而不行者。知而不行,只是未知"。"就如称某人知孝,某人知弟,必是其人已曾行孝行弟,方可称他知孝知弟。不成只是晓得说些孝弟的话,便可称为知孝弟。又如知痛,必已自痛了,方知痛;知寒,必已自寒了;知饥,必已自饥了。知行如何分得开?此便是知行的本体,不曾有私意隔断的。圣人教人必要是如此,方可谓之知。不然只是不曾知。"(《王阳明全集》上第3—4页)

比如有人嘴上说要孝敬父母,但实际上对父母并不好,那么这种人其实是不知孝的。只有真正地去孝敬父母了,才可以说是知孝。孝敬父母的行为应该是认识的结果,因此,"知道"和"做到"其实是一件事的首尾两端。

"行即是知,知包含行"的一元论观点,可以克服"不知不行""知而不行"等两元论导致的"眼高手低""坐而论道""纸上谈兵"等怪圈倾向。"知行合一"是改变人们习性的一种关键智慧。解决习性问题,"知行合一"是一种有效的方式。它能够帮助领导者找到真正的自己、塑造自己、成就自己,也能成就领导者的团队和组织。

(三)致良知:修行的目标

王阳明南赣剿匪和平定宁王叛乱后,把心思放到传播心学学说上,并在诽谤和排挤中逐渐发展出了"致良知"思想。在王阳明看来,天理就是人心内在的良知。孟子曰:"人之所不学而能者,其良能也;所不虑而知者,其良知也"。良知即是每个人心中所固有的善。在王阳明的核心观念中,"良知"是从《孟子》来的,"致知"是从《大学》来的,"致良知"乃是《孟子》和《大学》的综合。王阳明把"致知""良知"统合成"致良知",也就是知行合一,进而开发出一套新的思想体系。这不是简单的因袭,而是在理论和实践上的创造(张学智,2019)。夫良知者,即所谓"是非之心,人皆有之,不待学而有,不待虑而得者也"(《王阳明全集》上第235页)。不通过学习就能做到的是良能,不经过思考就能知道的则是良知。王阳明认为,良知就是天理,它存在于人的本体中。每个人心中都有良知,只是有些人被世俗物欲蒙蔽或干扰了,从而失却了本心(本来的面目)。而修行所要做的,就是将私欲、杂念全部扫除廓清,恢复良知本体,这个过程就是"致良知"。

1. 人人皆有良知

王阳明认为,人人心中都有个圣人,人人皆可以为尧舜。"天地虽大,但有一念向善,心存良知,虽凡夫俗子,皆可为圣贤。圣人气象何由认得?自己良知原与圣人一般,若体认得自己良知明白,即圣人气象不在圣人而在我矣。"(《王阳明全集》上第51页)我们自己的良知与圣人是一样的,如果能够明白体认自己的良知,那么圣人的气象就在自己身上了。

王阳明有一次对弟子们说:"人人胸中都有个圣人,只是不自信,又不肯努力,所以埋没了这位圣人。"王阳明看着弟子于中说:"你胸中原来就有个圣人。"于中连忙站起来说不敢当。王阳明叫他坐下,笑着说:"众人皆有,你怎么就没有?天下万事都可谦虚,唯独这事不可谦虚。"他对弟子解释说,人的良知不会泯灭,即使是盗贼也有良知。"良知在人,随你如何,不能泯灭,虽盗贼,亦自知不当为盗,唤他作贼他还扭怩。"(《王阳明全集》上第 81 页)人皆有良知,圣人之学,就是致此良知。普通人和圣人的区别,并不是圣人有"良知"而普通人没有,而是圣人完完全全地"得到"了自己的良知,普通人的良知却被私欲杂念遮蔽。就像是云把太阳遮蔽了,太阳只是看不到,而不是不存在了。

2. 如何致良知:事上磨炼,静处体悟

"有一属官,因久听讲先生之学,曰:此学甚好,只是薄书讼狱繁难,不得为学。先生闻之曰:我何尝教尔离了簿书讼狱,悬空去讲学?尔既有官司之事,便从官司的事上为学,才是真格物。如问一词讼,不可应其应对无状,起个怒心;不可因他言语圆转,生个喜心;不可恶其嘱托,加意治之;不可因其请求,屈意从之;不可因自己事务烦冗,随意苟且断之;不可因旁人谮毁罗织,随人意思处之:这许多意思皆私,只尔自知,须精细省察克治,惟恐此心有一毫偏倚,枉人是非,这便是格物致知。簿书讼狱之间,无非实学;若离了事物为学,却是著空。"(《王阳明全集》上第 83 页)

有一位下属官员经常去听阳明讲学,他对阳明说:"先生的学问的确精彩,只是工作中处理文件、案件等事务繁重,没有时间去做学问。"阳明听后,对他说:"我什么时候让你脱离了公文和诉讼案件而空对空地去做学问?你既然需要断案,就从断案的事上学习,这样才是真正的格物。比如说,在你审案时,不可因对方无礼就起个怒心;不能因对方言语动听就生个喜心;不能因有人请托而存心整治人;不能因对方哀求而屈意宽容;不能因自己事务烦冗而随意草率结案;不能因别人的诋毁陷害,就依着他们的意愿去处理。这些情况都是只有你自己知道的私意,必须经常反省克制,不能因为心中一毫偏倚而错判误判。这就是格物致知。这些都是切实的学问。如果离开了具体的事情去用功,就是不切实际了。"这个故事讲得就是"事上练",也就是他的信徒、日本的稻盛和夫等人都喜欢讲的"工作即修行"。致良知不可脱离实际,要在日常工作生活中去用功,在处理各种事情的过程中磨炼自己,在事事物物上致内心之良知。正所谓:"人生处处皆道场,此心时时致良知。"《传习录》记载的这个案例,适合管理者、决策者、审判者等去亲身体悟,如何在具体事务中去格物、修心,不受任何的杂念影响,从而令自己的内心离光明越来越近。

王阳明晚年将"知行合一"融入"致良知":"良知"是"知","致"就是"行","致良知"就是"知行合一"。王阳明把他早年所讲的"心即理""心外无理""心外无物""知行合一"命题都融摄在"致良知"三字中,体现出"致良知"思维方法的综合性(张学智,2019)。

三、心学智慧与领导力修炼

习近平同志多次在相关讲话中肯定王阳明"心学"的作用,因为新时代的治国理政不仅包括治理国家,更包括"治心"。"变制度易,变人心难"。对于领导者而言,更应该从"心学"中汲取修身明治的智慧。

(一) 正心:心如明镜

在个人修行方面,王阳明提出了"磨镜修行观"。王阳明的弟子徐日仁说:"心犹镜也。圣人心如明镜,常人心如昏镜。近世格物之说,如以镜照物,照上用功,不知镜尚昏在,何能照? 先生之格物,如磨镜而使之明,磨上用功,明了后亦未尝废照。"(《王阳明全集》上第18页)常人之心虽然也是一面镜子,但上面都是斑斑驳驳的锈迹,只有痛加磨刮,不断修炼,方能修得圣人之心,才会纤尘即显,所有事物的道理就看得通透明白,从而达到"心如明镜"的新境界。

1. 光明磊落、坦荡无私

王阳明认为:"志立得时,良知千事万为只为一事,读书作文安能累人? 人自累于得失耳。"(《王阳明全集》上第88页)。一旦志向立下了,所做事情都是围绕这个志向而努力的,自然不会觉得累。很多时候人是因为计较得失才感觉心受到了牵累。累的主要原因是得失之心带来的精神内耗。王阳明的心学智慧对于领导者的基本启示恰恰是关于自我和本心的坚持,坚守积极的理想和努力的方向,从容应对人生的困难和挑战,坚守"心如明镜"的本心状态,才能取得更为长远的进步。

王阳明去世前向弟子说出"此心光明,亦复何言",恰恰是其一生光明磊落的写照。对于领导者来言,获得心安的最基本要求即是"心外无物,自得于心"。

2. 破除心中贼

王阳明曾言:"破山中贼易,破心中贼难。"山中贼是客观存在的,易于掌握和破除;而心中贼是内心深处的陋习和不合理欲念。"吾辈用功只求日减,不求日增。减得一分人欲,便是复得一分天理。何等轻快脱洒!何等简易!"(《王阳明全集》上第25页)使人疲倦的往往不是远方的高山,而是鞋里的一粒沙子。对于领导者而言,更应该祛除心中的不合理的私欲、私情,听从于自己的良知之心。要崇尚独立人格,追求光明良知,不被外来的诱惑或陷阱所迷惑,不断强大自己的内心。心不正才见鬼出,作为领导者更应该自重、自省、自警、自励,慎初、慎微、慎独、慎终。

(二)实干:事上磨炼

1. 人须在事上磨

"人须在事上磨炼做工夫,乃有益。若只好静,遇事便乱,终无长进。人须在事上磨,方立得住,方能'静亦定,动亦定'。"(《王阳明全集》上第11页)

大道至简,实干为要。事上磨炼是领导者修行的重要途径。从王阳明的人生经历来看,早年"五溺"的摸索实践及经受贵州龙场恶劣环境的磨砺,对王阳明"立德立功立言"成就的取得发挥了重要奠基作用。党的十九大报告提出要注重在基层一线和困难艰苦的地方培养锻炼年轻干部,即是要选用那些真正经受过艰难困苦磨砺的干部,经受住实践考验的干部。只有在基层工作环境中和具体岗位上稳扎稳打磨出来的领导者,才能"立得住",真正做到"千磨万击还坚劲,任尔东西南北风"。

乔布斯曾去印度修行,也曾想去日本学禅。一位禅师告诉乔布斯,真正的修行恰恰就在日常的生活和工作之中。在若干年后谈及自己的成功时,乔布斯也非常强调"跟随自己的内心",在具体事务中磨炼修行。

2. 于事上磨中感受意义和价值

王阳明心学及其人生经历告诉我们:心中要有良知,行为须有担当。作为领导者,要在责任担当中磨炼心性,在千锤百炼事上磨的过程中感受价值和意义。对于那些没吃过苦、没经受过磨炼的人,做事情的价值感、意义感体验自然不会太强。所以,经受一些磨炼、吃一些苦是有必要的,对个人的成长发展也是大有裨益的。作为社会人,活着都有自己的社会责任。不论是照顾家人,还是成就事业,都难免劳心劳力。但也正是在这个过程中,才能实现个人的价值、成就自己的人生。对于领导者而言,更要注重在脚踏实地干事创业的过程中感受价值和意义。

(三)修炼:精一之功

王阳明在《象山文集序》中提到:"尧、舜、禹之相授受曰:'人心惟危,道心惟微,惟精惟一,允执厥中。'此心学之源也。中也者,道心之谓也;道心精一之谓仁,所谓中也。孔孟之学,惟务求仁,盖精一之传也。"(《王阳明全集》上第206页)"人心惟危,道心惟微,惟精惟一,允执厥中。"这被称为儒家"十六字心传"。其意大致是说,人心常有欺诈,道心往往微妙难测。行事贵在求精专一,治世贵在遵守中道。只有专注于至诚,诚恳地秉持其中正之道,方能得其中正。"十六字心传"是尧、舜、禹心心相传的个人道德修养和治理国家的原则,其中的"惟精"是用功要精纯,"惟一"是用功要专一,两者是平列的。而王阳明则把前人平列的功夫转变为手段和目标的关系,"惟精"是手段,"惟一"是目标。为什么要这样去阐释?因为王阳明有强烈的救世情怀,希望通过创造新的理论来把那个时代所流行的不良风习改变过来(张学智,2019)。王阳明将这十六字视作"心学之源",足见其重视程度。

1. 惟精:专注于志,沉浸其中

在王阳明心学体系中,"知行合一,精一之功"彼此互补、互为一体。王阳明基于"十六字心传"提出了"精一之功"。要做到"精一之功",必须专注于当下的目标。所谓"精一",就是要专注于当下,专注于"志"。"持志如心痛,一心在痛上,安有工夫说闲语、管闲事?"(《王阳明全集》上第12页)王阳明举过一个例子:"今人于吃饭时,虽然一事在前,其心常役役不宁,只缘此心忙惯了,所以收摄不住。"(《王阳明全集》上第100页)有些人连吃饭的时候都在考虑问题,这些人的心难以安定,时常忙乱、收摄不住。如果一个领导者时常处于内心躁动的状态,无论做什么事情,都会受到干扰,最终一事无成。在浮躁的社会背景下尤是如此。

王阳明对"精一"有过比喻和解释,"精"字有个"米"字旁,姑且就用米打比方。惟"精",就是对米舂、簸、筛;惟"一",就是一门心思、一心一意地想把

米变得纯净洁白。庖丁解牛，讲的就是这个熟能生巧的道理。现代领导者要从高压力、快节奏中解放出来，就要消减过多的追求和欲望，选择一种极简单的生活，专注于内心真正想要的东西，只留存极简的欲望、极简的信息、极简的生活。简单来说，"精一"就是"关键少数"项的事情，把精力集中在人生几件重要的事情上，这样就能生活得轻松，而且更容易走近生命的意义和生命的真谛。

"欲事立，须是心立。""志不立，天下无可成之事。虽百工技艺，未有不本于志者。今学者旷废隳惰，玩岁愒时，而百无所成，皆由于志之未立耳。故立志而圣，则圣矣；立志而贤，则贤矣；志不立，如无舵之舟，无衔之马，漂荡奔逸，终亦何所底乎？"（《王阳明全集》中第 804 页）对于现代领导者而言，专注于自己想要做好的事情，并保持一颗首尾不懈的诚挚之心尤为重要。不可以见异思迁、坐这山望那山、缺乏定力、心念飘忽、左右摇摆，最终只能是一事无成。一个人要成功，必须有明确的目标和坚定的信仰。诚如马云所说："在一个聪明人满街乱窜的年代，稀缺的恰恰不是聪明，而是一心一意，孤注一掷，一条心，一根筋。"在某种意义上，阳明心学也是一门成功之学，鼓励人们从内心深处不断激励暗示自己，改变人的潜意识，提升人的道德修养。

2. 惟一：修一之功，致合之境

2019 年 3 月 22 日，习近平在会见意大利众议长菲科时说了一段肺腑之言，"（中国）这么大一个国家，责任非常重、工作非常艰巨。我将无我，不负人民。我愿意做到一个'无我'的状态，为中国的发展奉献自己。"这段话切实体现了一个大国领袖的情怀和担当。这里的"无我"状态，其实就是喻指实现了从"小我"到"大我"的转变。可以用王阳明"修一之功"来做一解释。对于领导者来说，个人的道德修养可以看作是小我的修炼，而融入为民服务的状态则是大我的修炼。领导者的修炼应该如同水中的涟漪一样，是一个从小到大不断向外扩的过程。个人沉浸于干事创业是小一，而立志为圣则是大一。倡导家教家风家训，就是先从小我、小家开始，慢慢向外扩，扩大修行的影响面。领导者就是要超越自我、家庭，通过不断消减自己的私欲，不断迈向"我将无我，不负人民"的合一境界。

王阳明的"致良知"是知行合一、心理合一（良知即天理）、内外合一（内有"良知"、外有"致良知"的行为）、形而上与形而下合一（理是形而上的，心是形而下的,"良知"就是形而上的理落实并表现在形而下的心中)、功夫与本体合一("良知"是本体,"致良知"是功夫),是"无之不一"的(张学智,2019)。在笔者看来,阳明心学最伟大的地方,就是提出"以修一之功,至合一之境"。一位领导者的修炼应实现五方面的"合一",即:心与理的合一、知与行的合一、出世与入世(理想与现实)的合一、小我与大我的合一、道德规范与自由意志的合一。孔子以"从心所欲不逾矩"来描述德行修养的至高境界,也就是将主体的自由意志同外在道德规范融为一体。当个人的行为范式不再受环境和规则局限,举手投足间都是自身道德修养的体现,这就是领导者修一之功的至高境界。

  一个领导者的事业、成就、境界究竟能达到什么程度,同其自身修心、修行、诚心、正意密切相关,同其致良知的修炼密切相关。如何在领导实践中提升自己,阳明心学提供了一种契合中国领导者的有效方法,即"心上学""事上练""达于道(致良知)""合为一"。心学不仅强调对心灵的修炼、对良知的悦纳、对真善美的诠释及对生命的追求,更侧重于指导人们的实践,实现真正意义上的"内化于心、外化于行"。王阳明心学"知行合一""致良知""精一之功"的智慧,不仅是解决当今社会人心浮躁、道德松弛、信仰缺失问题的精神药方,更为领导者的自我修行与修炼提供了有益启迪。

参 考 文 献

一、中文文献

(一) 著作类

[1] 埃德加·莫兰.迷失的范式:人性研究[M].陈一壮,译.北京大学出版社,1999.

[2] 埃伦·范·韦尔索,辛西娅·D.麦考利,玛丽安·N.鲁德尔曼.CCL领导力开发手册(第3版)[M].徐中,胡金枫,译.北京大学出版社,2015.

[3] 安德鲁·佐利,安·玛利·希利.恢复力[M].鞠玮婕,译.中信出版社,2013.

[4] 安东尼·凯利.决策中的博弈论[M].李志斌,殷醒民,译.北京大学出版社,2007.

[5] 芭芭拉·凯勒曼.追随力[M].宋强,译.中国人民大学出版社,2011.

[6] 北京双高人才发展中心.领导人才选拔评价研究与实践[M].北京出版社,2009.

[7] 彼得·德鲁克.21世纪的管理挑战[M].朱雁斌,译.机械工业出版社,2009.

[8] 彼得·德鲁克.卓有成效的管理者[M].许是祥,译.机械工业出版社,2019.

[9] 查尔斯·林德布洛姆.决策过程[M].竺乾威,胡君芳,译.上海译文出版社,1988.

[10] 陈春花,朱丽.协同:数字化时代组织效率的本质[M].机械工业出版社,2019.

[11] 大卫·V.戴,约翰·安东纳基斯.领导力的本质(第2版)[M].林嵩,徐中,译.北京大学出版社,2015.

[12] 大卫·吉伯,塞缪尔·M.拉姆,马歇尔·戈德史密斯,贾斯汀·伯克.领导力开发最佳实践手册:案例、工具和培训方法(第2版)[M].刘艳霞,孙慧敏,译.电子工业出版社,2013.

[13] 戴维·奥斯本,特德·盖布勒.改革政府:企业家精神如何改革着公共部门[M].周敦仁等,译.上海译文出版社,2006.

[14] 丹尼尔·A.雷恩.管理思想的演变[M].李柱流,等译.中国社会科学出版社,1997.

[15] 道格拉斯·麦格雷戈.企业的人性面[M].韩卉,译.中国人民大学出版社,2008.

[16] 度阴山.知行合一王阳明[M].北京联合出版公司,2014.

[17] 冯秋婷.领导学概论[M].中共中央党校出版社,2011.

[18] 弗兰克·J.古德诺.政治与行政:一个对政府的研究[M].王元,译.复旦大学出版社,2011.

[19] 弗朗西斯科·西里洛.番茄工作法:有效地使用每一点时间和脑力[M].廖梦骅,译.北京联合出版公司,2019.

[20] 弗雷德里克·泰勒.科学管理原理[M].马风才,译.机械工业出版社,2013.

[21] 格雷厄姆·阿利森,菲利普·泽利科.决策的本质:解释古巴导弹危机(第2版)[M].北京大学出版社,2008.

[22] 哈伯德.把信送给加西亚[M].白马,译.中国华侨出版社,2013.

[23] 哈罗德·孔茨,海因茨·韦里克.管理学:国际化与领导力的视角(精要版第9版)[M].马春光,译.中国人民大学出版社,2014.

[24] 赫伯特·西蒙.西蒙选集[M].黄涛,译.首都经济贸易大学出版社,2002.

[25] 亨利·罗伯特.罗伯特议事规则(第11版)[M].袁天鹏,孙涤,译.格致出版社,2015.

[26] 杰夫·A.威克利,罗伯特·E.普劳哈特.情境判断测验:理论、测量与应用[M].柳恒超,罗凤英,李婷玉,等译.复旦大学出版社,2013.

[27] 拉里·博西迪,拉姆·查兰,查尔斯·伯克.执行:如何完成任务的学问[M].刘祥亚,等译.机械工业出版社,2016.

[28] 李明,凌文辁.领导理论研究的中国化:CPM理论的探索[M].格致出版社、上海人民出版社,2018.

[29] 李永林.领导科学教程[M].山西人民出版社,1992.

[30] 李永瑞.领导力开发经典案例[M].北京师范大学出版社.2018.

[31] 理查德·L.达夫特.领导学(第6版)[M].苏忠保,苏晓雨,等译.清华大学出版社,2018.

[32] 凌文辁,方俐洛.领导与激励[M].机械工业出版社,2000.

[33] 刘峰.新领导力[M].国家行政学院出版社,2014.

[34] 刘澜.领导力沉思录[M].中信出版社,2009.

[35] 柳恒超.人事测评与选拔:理论与技术[M].复旦大学出版社,2018.

[36] 罗伯特·卡普兰,大卫·诺顿.战略地图——化无形资产为有形成果[M].刘俊勇,孙薇,译.广东经济出版社,2005.

[37] 罗凤英.危机复原力:构建与开发策略[M].上海交通大学出版社,2018.

[38] 马歇尔·戈德史密斯,劳伦斯S.莱昂斯,莎拉·麦克阿瑟.领导力教练——世界著名企业教练们的实践心得(第3版)[M].徐中,戴钊,胡金枫,译.机械工业出版社,2013.

[39] 迈克尔·A.豪格,多米尼克·阿布拉姆斯.社会认同过程[M].高明华,译.中国人民大学出版社,2011.

[40] 迈克尔·马奎特.行动学习实务操作——设计、实施与评估(第2版)[M].郝君帅,唐长军,曹慧青,译.中国人民大学出版社,2013.

[41] 尼科洛·马基雅维利.君主论[M].潘汉典,译.商务印书馆,2017.

[42] 诺埃尔·蒂奇.领导力循环:伟大的领导者引领企业制胜的关键[M].杨斌,译.浙江人民出版社,2014.

[43] 潘云良.领导者素质分析与测评读本[M].中共中央党校出版社,2000.

[44] 切斯特·I.巴纳德.经理人员的职能[M].王永贵,译.机械工业出版社,2013.

[45] 史蒂芬·柯维.高效能人士的七个习惯[M].顾淑馨,等译.中国青年出版社,2002.

[46] 史蒂芬·柯维,罗杰·梅里尔,丽贝卡·梅里尔.要事第一:最新的时间管理方法和时间控制技巧[M].刘宗亚,等译.中国青年出版社,2013.

[47] 司马光.资治通鉴(第一卷)[M].岳麓书社,1989.

[48] 斯蒂芬·茨威格.人类的群星闪耀时[M].舒昌善,译.广西师范大学出版社,2004.

[49] 斯蒂芬·罗宾斯,蒂莫西·贾奇.组织行为学(第16版)[M].孙健敏,王震,李原,译.中国人民大学出版社,2016.

[50] 斯科特·A.斯努克,尼汀·诺瑞亚,拉什克·库拉纳.领导力教学手册:知识、技能和品格[M].徐中,刘雪茹,胡金枫,译.北京大学出版社,2015.

[51] 斯里坎特·M.达塔尔,戴维·A.加文,帕特里克·G.卡伦.MBA教育再思考——十字路口的工商管理教育[M].伊志宏,徐帆,译.中国人民大学出版社,2011.

[52] 苏保忠.领导科学与艺术[M].清华大学出版社,2009.

[53] 泰勒.评价中心实用手册[M].李中权,柳恒超,译.中国轻工业出版社,2009.

[54] 汪中求.细节决定成败[M].新华出版社,2004.

[55] 王国轩译注.大学中庸[M].中华书局,2016.

[56] 王垒,施俊琦,童佳瑾.实用心理与人事测量[M].北京大学出版社,2008.

[57] 王守仁.王阳明全集(上、中、下)[M].吴光,钱明,董平,姚延福,编校.上海古籍出版社,2015.

[58] 王雪峰.领导学学科体系[M].人民出版社,2014.

[59] 王彦斌.组织认同的实质:中国组织认同[M].社会科学文献出版社,2012.

[60] 魏长营,王淑贤.执行能力[M].国家行政学院出版社,2011.

[61] 沃伦·本尼斯,诺埃尔·蒂奇.决断[M].姜文波,译.中国人民大学出版社,2008.

[62] 西格蒙德·弗洛伊德.梦的解析[M].罗林,等译.九州出版社,2004.

[63] 夏禹龙,刘吉,冯之浚,张念椿.领导科学基础[M].广西人民出版社,1985.

[64] 杨国庆.领导决策[M].研究出版社,2017.

[65] 杨随平.中国古代官员选任与管理制度研究[M].中国社会出版社,2010.

[66] 易中天.帝国的终结：中国古代政治制度批判[M].复旦大学出版社,2007.

[67] 由曦.蚂蚁金服：科技金融独角兽的崛起[M].中信出版集团,2017.

[68] 约翰·杜尔.这就是OKR：让谷歌、亚马逊实现爆炸性增长的工作法[M].曹仰锋,王永贵,译.中信出版社,2018.

[69] 曾仕强.持经达变的学问[M].北京联合出版公司,2015.

[70] 詹姆斯·G.马奇,蒂里·韦尔.论领导力[M].张晓军,郑娴婧,库酉民,译.机械工业出版社,2018.

[71] 詹姆斯·M.布坎南、戈登·塔洛克.同意的计算——立宪民主的逻辑基础[M].陈光金,译.中国社会科学出版社,2000.

[72] 张昕,李泉.公共政策执行[M].科学出版社,2019.

[73] 珍妮·V.登哈特,罗伯特·B.登哈特.新公共服务：服务,而不是掌舵[M].丁煌,译.中国人民大学出版社,2010.

[74] 郑传贵.领导执行[M].研究出版社,2017.

[75] 郑日昌.领导素质测评[M].华东师范大学出版社,2008.

[76] 竺乾威.公共行政理论[M].复旦大学出版社,2008.

（二）期刊类等

[77] 白雪苹.从领导理论的变迁看领导科学的发展[J].领导科学,2014,4月中：36-38.

[78] 曹新美,刘翔平.从习得无助、习得乐观到积极心理学——Seligman对心理学发展的贡献[J].心理科学进展,2008,16（4）：562-566.

[79] 曹仰峰,李平.中国领导力本土化发展研究：现状分析与建议[J].管理学报,2010,7（11）：1704-1709.

[80] 陈国青,曾大军,卫强,张明月,郭迅华.大数据环境下的决策范式转变与使能创新[J].管理世界,2020,2：95-105.

[81] 陈同扬,谭亮,曹国年.组织支持视角下领导-下属交换关系感知匹配的形成机制研究[J].南开管理评论,2013,3：120-128.

[82] 董平.阳明心学的定性及良知的公共性与无善无恶[J].哲学研究,2018,2：49-57.

[83] 杜兰英,段天格,李铭泽.不道德亲组织行为研究述评与展望[J].中国人力资源开发,2016,7：50-57.

[84] 葛靓.LMX一致性对员工绩效的影响：地位竞争视角[D].华中科技大学,2017.

[85] 姜平.论中国特色社会主义领导科学理论体系的构建与发展[J].理论探讨,2008,2：

151-156.

[86] 江泽民.各级领导干部要研究领导科学[J].探索与争鸣,1995,2：3.

[87] 韩树杰.基于行动学习的领导力开发[J].中国人力资源开发,2009,8：56-59.

[88] 何丽君.领导力剧场：干部培训的新路径[J].党政论坛.2009,19：55-57.

[89] 胡世禄.关于领导科学的几个理论问题[J].软科学,1987,1：62-66.

[90] 黄诚,钟海连.论阳明心学与当代社会心态建设的互动关系[J].贵州大学学报(社会科学版),2019,37(1)：13-23.

[91] 兰轩.教练型领导力突然火了[J].经理人.2016,8：94-95.

[92] 李超平,时勘.变革型领导的结构与测量[J].心理学报,2005,37(6)：803-811.

[93] 李超平,时勘.变革型领导与领导有效性之间关系的研究[J].心理科学,2003,26(1)：115-117.

[94] 李建民.西方管理人性观嬗变的新思考[J].中国石油大学学报(社会科学版),2014,2：82-86.

[95] 李非,杨春生,苏涛,吕智宇.阳明心学的管理价值及践履路径[J].管理学报,2017,14(5)：633-639.

[96] 李俊臣.领导科学研究中值得关注的几个重要关系[J].领导科学,2009,9月上：51-52.

[97] 李恒灵.关于我国领导科学发展的分期[J].理论探索,2000,4：57-58.

[98] 李明,毛军权.领导力研究的理论评述[J].上海行政学院学报,2015,16(6)：92-102.

[99] 李锐,凌文辁,柳士顺.传统价值观、上下属关系与员工沉默行为——一项本土文化情境下的实证探索[J].管理世界,2012,3：127-140.

[100] 李锐,田晓明,柳士顺.仁慈领导会增加员工的亲社会性规则违背吗?[J].心理学报,2015,47(5)：637-652.

[101] 林光明.坚韧领导力[J].清华管理评论,2019,4：32-41.

[102] 凌文辁,陈龙,王登.CPM领导行为评价量表的构建[J].心理学报,1987,2：199-207.

[103] 刘峰.新时代的领导力和领导科学[J].中国领导科学,2018,2：42-44.

[104] 刘兰芬.对我国领导科学发展定位的思考[J].领导科学,2010,4月中：8-10.

[105] 刘明辉.1990年领导科学研究概述[J].理论学习月刊,1991,3：60-63.

[106] 罗凤英.处级领导干部心理复原力状况及提升路径[J].中国党政干部论坛,2012,9：38-41.

[107] 麻宝斌,仇赟.中国共产党"选贤任能"道路选择与实践研究——基于"任人唯贤""德才兼备"干部路线和标准的政治学分析[J].治理研究,2018,4：12-21.

[108] 毛元生.领导科学学科范式探析[J].领导科学,2009,5月中:23-25.

[109] 孟慧,宋继文,徐琳,等.中国情境下变革型领导的内涵与测量的再探讨[J].管理学报,2013,10(3):375-383.

[110] 孟建平,霍国庆.领导理论丛林与领导学科的发展[J].科学学与科学技术管理,2008,3:160-166.

[111] 任真,崔红,王登峰.用实证研究推动领导科学的发展——中国领导实证研究的发展状况分析[J].理论探讨,2009,1:169-171.

[112] 任真,王石泉,刘芳.领导力开发的新途径——"教练辅导"与"导师指导"[J].外国经济与管理,2006,7:53-58.

[113] 任真,杨安博,王登峰,等.中西方文化差异视角下领导-部属关系的结构模型[J].心理学报,2014,46(9):1355-1377.

[114] 沈晓寻,王怀勇.授权型领导对任务绩效的影响及其中介机制[J].心理学进展,2019,9(10):1700-1708.

[115] 时勘,李超平,陈文晶,徐长江,谢义忠.我国管理者的领导行为及其作用机制[J].中国浦东干部学院学报,2008,2:42-50.

[116] 苏敬勤,高昕.案例行动学习法——效率与效果的兼顾[J].管理世界.2020,3:228-236.

[117] 谭英俊,黄山楠.公共治理热点:地方政府政策执行力研究综述——基于CNKI文献的分析[J].广东行政学院学报,2014,6:7-23.

[118] 唐铁汉.发展繁荣领导科学的理论思考[J].国家行政学院学报,2009,3:12-16.

[119] 田京.中国文化背景下变革型领导结构的探索研究[D].华东师范大学,2009.

[120] 王波.美国心理学会2011年华盛顿年会综述[J].国外社会科学,2011(6):146-152.

[121] 王进.对作为一种"政治哲学"的阳明心学之省思[J].浙江社会科学,2018,1:134-143.

[122] 王辉,牛雄鹰,Kenneth,等.领导-部属交换的多维结构及对工作绩效和情境绩效的影响[J].心理学报,2004,36(2):179-185.

[123] 王辉,忻蓉,徐淑英.中国企业CEO的领导行为及对企业经营业绩的影响[J].管理世界,2006,4:87-96.

[124] 王震,孙健敏,赵一君.中国组织情境下的领导有效性:对变革型领导、领导-部属交换和破坏型领导的元分析[J].心理科学进展,2012,20(2):174-190.

[125] 王众托."元决策":决策的顶层规划与设计[J].清华管理评论,2019,10:6-8.

[126] 魏红.干部教育叙事的日常实践[J].党政论坛.2017,4:52-53.

[127] 奚洁人.中国共产党领导力研究与中国特色领导科学建构[J].中国领导科学,2018,

4：33-34.

[128] 奚洁人.领导科学的时代使命与责任担当[N].文汇报,2017-04-07.

[129] 席酉民,韩巍.中国管理学界的困境和出路：本土化领导研究思考的启示[J].西安交通大学学报(社会科学版).2010,30(2)：32-40.

[130] 萧秉信.论领导科学与管理科学的联系与区别[J].领导科学,2003,3：38-39.

[131] 萧鸣政.关于领导干部品德测评的问题研究[J].北京大学学报(哲学社会科学版),2013,50(6)：24-33.

[132] 颜爱民,曾莎莎.亲领导非伦理行为的成因：来自变革型领导的影响[J].中国人力资源开发,2018,9：63-72.

[133] 杨国庆.适应性问题与领导力学习地图的绘制模式[J].现代管理科学,2014,9：105-107.

[134] 叶挺.管理剧场让领导力在戏剧中"活"起来[J].培训,2019,6：72-79.

[135] 雍涛,陈祖华.建设有中国特色的社会主义领导科学[J].武汉大学学报(社会科学版),1985,5：30-36.

[136] 张学智.王阳明心学的精神与智慧[J].哲学动态,2019,11：37-45.

[137] 张莹端,佐斌.社会认同理论及其发展[J].心理科学进展,2006,3：475-480.

[138] 周晓虹.认同理论：社会学与心理学的分析路径[J].社会科学,2008,4：46-53.

[139] 訾其伦.论墨子的选人用人之道[J].领导科学.2012：23：53-54.

二、英 文 文 献

[1] Abrams, D., Hogg, M. A. Social Identification, Self-categorization and Social Influence [J]. European Review of Social Psychology, 1990, 1：195-228.

[2] Alan Bryman etc. The SAGE Handbook of Leadership [M]. London：SAGE Publications Ltd., 2011.

[3] Alimo-Metcalfe, B., Alban-Metcalfe, R. J. The Development of a New Transformational Leadership Questionnaire [J]. Journal of Occupational and Organizational Psychology, 2001, 74：81-94.

[4] Allinson, C. W., Armstrong, S. J., Hayes, J. The Effects of Cognitive Style on Leader-member Exchange：A Study of Manager-subordinate Dyads [J]. Journal of Occupational and Organizational Psychology, 2001, 74(2)：201-220.

[5] Alsayed, A. K., Motaghi, M. H., Osman, I. B. The Use of the Multifactor Leadership Questionnaire and Communication Satisfaction Questionnaire in Palestine：A Research Note [J]. International Journal of Scientific and Research

Publications, 2012, 11: 1-9.

[6] Antonakis, J. Predictors of Leadership: The Usual Suspects and the Suspect Traits. In Alan Bryman, David Collinson, Keith Grint, Brad Jackson, Mary Uhl-Bien (eds). The SAGE Handbook of Leadership [M]. SAGE Publications Ltd, 2011.

[7] Arthur, M., Schlesinger, Jr. A Thousand Days: John F. Kennedy in the White House [M]. New York: Greenwich House, 1983.

[8] Avolio, B. J. Promoting More Integrative Strategies for Leadership Theory Building [J]. American Psychologist, 2007, 62(1): 25-33.

[9] Kellerman B. The End of Leadership [M]. Harper Collins, 2012.

[10] Kellerman B. Leading Questions: The End of Leadership-redux [J]. Leadership, 2013, 9(1): 135-139.

[11] Kellerman B. Professionalizing Leadership [M]. Oxford University Press, 2018.

[12] Barbara, C. C. Teaching Leadership An Integrative Approach [M]. Taylor & Francis Ltd, 2016.

[13] Bass, B. M. Leadership and Performance Beyond Expectations [M]. New York: Free Press, 1985.

[14] Bass, B. M. Leadership, Psychology, and Organizational Behavior [M]. New York: Harper, 1960.

[15] Bass, B. M. Stogdill's Handbook of Leadership: A Survey of Theory in Research [M]. New York: Free Press, 1981.

[16] Bass, B. M. Theory of Transformational Leadership Redux [J]. Leadership Quarterly, 1995, 6(4)463-478.

[17] Bass, B. M., Avolio B. J. Multifactor Leadership Questionnaire [M]. PaloAlto, CA: Consulting PsychologistsPress, 1996.

[18] Bass, B. M., Riggio, R. E. Transformational Leadership (2nd ed.) [M]. Mahwah, NJ: Psychology Press, 2006.

[19] Bennis, W. The Challenges of Leadership in the Modern World: Introduction to the Special Issue [J]. American Psychologist, 2007, 62(1): 2-5.

[20] Biehl-Missal, B. Hero Takes a Fall: A Lesson from Theatre for Leadership [J]. Leadership, 2010, 6(3): 279-294.

[21] Billig, M. G. Arguing and Thinking. A Rhetorical Approach to Social Psychology (2nd ed.) [M]. Cambridge University Press, 1996.

[22] Bono, J. E., Shen, W., Yoon, D. J. Personality and Leadership: Looking Back,

Looking Ahead. In Day, D. (ed). The Oxford Handbook of Leadership and Organizations [M]. Oxford University Press, 2014.

[23] Bray, D. W., Campbell, R. J., Grant, D. L. Formative Years in Business: A Long Term AT&T Study of Managerial Lives [M]. New York: Wiley, 1974.

[24] Brown, F. W., Finstuen, K. The Use of Participation in Decisionmaking: A Consideration of the Vroom-Yetton and Vroom-Jago Normative Models [J]. Journal of Behavioral Decision Making, 1993, 6: 207-219.

[25] Burns, J. M. Leadership [M]. Greenville, SC: Integrated Media, 2012.

[26] Cameron, K. S., Quinn, R. E., DeGraff, J., Thakor, A. V. Competing Values Leadership: Creating Value in Organizations [M]. London: Edward Elgar, 2006.

[27] Chen, G., Gully, S. M., Whiteman, J., Kilcullen, R. N. Examination of Relationships Among Trait-like Individual Differences, State Like Individual Differences, and Learning Performance [J]. Journal of Applied Psychology, 2000, 85: 835-847.

[28] Dando-Collins, S. The Penguin Book of Business Wisdom [M]. Penguin. 1998.

[29] Day, D. V., Thornton, A. M. A. Leadership Development. In John Antonakis and David V. Day(eds). The Nature of Leadership (3rd) [M]. Thousand Oaks, CA: Sage, 2017.

[30] Day, D. V. Liu, Z. What Is Wrong with Leadership Development and What Might Be Done about It? In Riggio, R. E. (ed). What's Wrong With Leadership? Improving Leadership Research and Practice [M]. Routledge, 2019.

[31] Day, D. V., Dragoni, L. Leadership Development: An Outcome-oriented Review Based on Time and Levels of Analyses [J]. Annual Review of Organizational Psychology and Organizational Behavior, 2015, 2: 133-156.

[32] Day, D. V., Harrison, M. M. A Multilevel, Identity-based Approach to Leadership Development [J]. Human Resource Management Review, 2007, 17: 360-373.

[33] Day, D. V., Lance, C. E. Understanding the Development of Leadership Complexity Through Latent Growth Modeling. In D. V. Day, S. J. Zaccaro, S. M. Halpin (eds). Leader Development for Transforming Organizations: Growing Leaders for Tomorrow [M]. Mahwah, NJ: Erlbaum, 2004.

[34] De Cremer, D., van Vugt, M. Intergroup and Intragroup Aspects of Leadership in Social Dilemmas: A Relational Model of Cooperation [J]. Journal of Experimental Social Psychology, 2002, 38: 126-136.

[35] De Neve, J. E., Mikhaylov, S., Dawes, C. T., Christakis, N. A., Fowler, J. H. Born to Lead? A Twin Design and Genetic Association Study of Leadership Role Occupancy [J]. The Leadership Quarterly, 2013, 24(1): 45-60.

[36] Denison, D. R., Hooijberg, R., Quinn, R. E. Paradox and Performance: Toward a Theory of Behavioral Complexity in Managerial Leadership [J]. Organization Science, 1995, 6(5): 524-540.

[37] Dépret, E. Vicarious Feelings of Personal Control and the Social Categorization of Powerful Others [M]. University of Grenoble, 1995.

[38] Fiske, S. T., Dépret, E. Control, Interdependence and Power: Understanding Social Cognition in Its Social Context [J]. European Review of Social Psychology, 1996, 7: 31-61.

[39] Dienesch, R., Liden, R. Leader-member Exchange Model of Leadership: A Critique and Further Development [J]. Academy of Management Review, 1986, 11: 618-634.

[40] Drucker, P. F. Managing the Non-profit Organization: Practices and Principles [M]. Oxford: Butterworth-Heinemann, 1992.

[41] Drury, J., Reicher, S. D. Explaining Enduring Empowerment: A Comparative Study of Collective Action and Psychological Outcomes [J]. European Journal of Social Psychology, 2005, 35: 35-58.

[42] Duchon, D., Green, S. G., Taber, T. D. Vertical Dyad Linkage: A Longitudinal Assessment of Antecedents, Measures, and Consequences [J]. Journal of Applied Psychology, 1986, 71(1): 56-60.

[43] Eisenbeiss, S. A., Boerner, S. Transformational Leadership and R&D Innovation: Taking a Curvilinear Approach [J]. Creativity and Innovation Management, 2010, 19(4): 364-372.

[44] Ellemers, N., van Rijswijk, W., Bruins, J., de Gilder, D. Group Commitment as a Moderator of Attributional and Behavioural Responses to Power Use [J]. European Journal of Social Psychology, 1998, 28: 555-573.

[45] Ellemers, N., van Rijswijk, W., Roefs, M., Simons, C. Bias in Intergroup Perceptions: Balancing Group Identity with Social Reality [J]. Personality and Social Psychology Bulletin, 1997, 23: 186-198.

[46] Erika, H. J., Lynn, P. W. Orientations of Positive Leadership in Times of Crisis. In Kim Cameron, Gretchen Spreitzer (eds). Handbook on Positive Organizational

Scholarship [M]. Oxford University Press, 2010.

[47] Evans, M. G. The Effects of Supervisory Behavior on the Path-goal Relationship [J]. Organizational Behavior and Human Performance, 1970, 55: 277-298.

[48] Fiedler, F. A Theory of Leadership Effectiveness [M]. New York: McGraw-Hill, 1967.

[49] Bonanno, G. A. Loss, Trauma and Human Resilience: Have We Underestimated the Human Capacity to Thrive After Extremely Aversive Events [J]. American Psychologist, 2004, 59(1): 20-28.

[50] Gerstner, C. R., Day, D. V. Meta-analytic Review of Leader-member Exchange Theory: Correlates and Construct Issues [J]. Journal of Applied Psychology, 1997, 82: 827-844.

[51] Graen, G. B., Uhl-Bien, M. Relationship-based Approach to Leadership: Development of Leader-member Exchange (LMX) Theory of Leadership over 25 Years: Applying a Multi-level Multi-domain Perspective [J]. Leadership Quarterly, 1995, 6: 219-247.

[52] Guthrie, V. A., King, S. N. Feedback-intensive Programs. In C. D. McCauley, E. Van Velsor (eds). The Center for Creative Leadership Handbook of Leadership Development(2nd) [M]. San Francisco: CA: Jossey-Bass, 2004.

[53] Hackman, J. R. Asking the Right Questions about Leadership: Discussion and Conclusions [J]. American Psychologist, 2007, 62(1): 43-47.

[54] Hains, S. C., Hogg, M. A., Duck, J. M. Self-categorization and Leadership: Effects of Group Prototypicality and Leader Stereotypicality [J]. Personality and Social Psychology Bulletin, 1997, 23: 1087-1100.

[55] Harrell, E. A Brief History of Personality Tests [J]. Harvard Business Review, 2017, 3: 63.

[56] Henderson, D. J., Wayne, S. J., Shore, L. M., et al. Leader-member Exchange, Differentiation, and Psychological Contract Fulfillment: A Multilevel Examination [J]. Journal of Applied Psychology, 2008, 93(6): 1208-1219.

[57] Hofstede, G. H. Culture's Consequences: Comparing Values, Behaviors, Institutions and Organizations across Nations [M]. Thousand Oaks, Calif: Sage Publications, 2000.

[58] Hofstede, G. H., Bond, M. H. The Confucius Connection: From Cultural Roots to Economic Growth [J]. Organizational Dynamics, 1988, 16(4): 4-21.

[59] Hogg, M. A. A Social Identity Theory of Leadership [J]. Personality and Social Psychology Review, 2001, 5: 184-200.

[60] Hogg, M. A., van Knippenberg, D. Social Identity and Leadership Processes in Groups [J]. Advances in Experimental Social Psychology, 2004, 35: 1-52.

[61] Hogg, M. A., van Knippenberg, D., Rast, D. E. Intergroup Leadership in Organizations: Leading Across Group and Organizational Boundaries [J]. Academy of Management Review, 2012, 37: 232-255.

[62] Hogg, M. A., van Knippenberg, D., Rast, D. E. The Social Identity Theory of Leadership: Theoretical Origins, Research Findings, and Conceptual Developments [J]. European Review of Social Psychology, 2012, 23: 258-304.

[63] Hollenbeck, W. Organizational Behavior: Securing Competitive Advantage [J]. Annual Review of Entomology, 2009, 47(1): 435-465.

[64] Hollenbeck, G. P., McCall, M. W., Silzer, R. F. Leadership Competency Models [J]. The Leadership Quarterly. 2006, 17: 398-413.

[65] Hooijberg, R., Quinn, R. E. Behavioral Complexity and the Development of Effective Managers. In R. L. Phillips, J. G. Hunt (eds). Strategic Management: Amultiorganizational-level Perspective [M]. New York: Quorum, 1992.

[66] Hooijberg, R. A Multidirectional Approach Toward Leadership: An Extension of the Concept of Behavioral Complexity [J]. Human Relations, 1996, 49(7): 917-947.

[67] House, R. J. A Path-goal Theory of Leader Effectiveness [J]. Administrative Science Quarterly, 1971, 16: 321-338.

[68] House, R. J., Mitchell, T. R. Path-goal Theory of Leadership [J]. Journal of Contemporary Business, 1974, 3: 81-97.

[69] Howell, J. M., Shamir, B. The Role of Followers in the Charismatic Leadership Process: Relationships and Their Consequences [J]. Academy of Management Review, 2005, 30: 96-112.

[70] Hu, J., Liden, R. C. Relative Leader-Member Exchange Within Team Contexts: How and When Social Comparison Impacts Individual Effectiveness [J]. Personnel Psychology, 2013, 66(1): 127-172.

[71] Hunt, J. G. What Is Leadership? In J. Antonakis, A. T. Cianciolo, R. J. Sternberg (eds). The Nature of Leadership [M]. Thousand Oaks, CA: Sage, 2004.

[72] Indvik, J. Path-goal Theory of Leadership: A Meta-analysis [J]. Proceedings of the

Academy of Management Meetings, 1986, 46: 189-192.

[73] Galton, F. Hereditary Genius [M]. New York: Appleton, 1869.

[74] James, W. Great Men, Great Thoughts and Their Environment [J]. Atlantic Monthly, 1880, 46: 441-459.

[75] Jacques, E. The Development of Intellectual Capability: A Discussion of Stratified Systems Theory [J]. Journal of Applied Behavioral Science, 1986, 22(4): 361-383.

[76] Javidan, M., Dorfman, P. W., Sully de Luque, M., House, R. J. In the Eye of the Beholder: Cross Cultural Lessons in Leadership from Project GLOBE [J]. Academy of Management Perspectives, 2006, 20(1): 67-90.

[77] Judge, T. A., Bono, J. E., Ilies, R., Gerhardt, M. W. Personality and Leadership: A Qualitative and Quantitative Review [J]. Journal of Applied Psychology, 2002, 87: 765-780.

[78] Judge, T. A., Piccolo, R. Transformational and Transactional Leadership: A Meta-analytic Test of Their Relative Validity [J]. Journal of Applied Psychology, 2004, 89: 755-768.

[79] Kenny, R. A., Blascovich, J., Shaver, P. R. Implicit Leadership Theories: Prototypes for New Leaders [J]. Basic and Applied Social Psychology, 1994, 15: 409-437.

[80] Kenny, D. A., Zaccaro, S. J. An Estimate of Variance Due to Traits in Leadership [J]. Journal of Applied Psychology, 1983, 68: 678-685.

[81] Kotter, J. P. Force for Change: How Leadership Differs from Management [M]. NY: Simon & Schuster Inc, 2008.

[82] Lawrence, K. A., Peter, Lenk., Robert, E. Quinn. Behavioral Complexity in Leadership: The Psychometric Properties of a New Instrument to Measure Behavioral Repertoire [J]. The Leadership Quarterly, 2009, 20: 87-102.

[83] Lord, R. G., Brown, D. J., Frieberg, S. J. Understanding the Dynamics of Leadership: The Role of Follower Self-concepts in the Leader/Follower Relationship [J]. Organizational Behavior and Human Decision Processes, 1999, 75: 167-203.

[84] Lord, R. G., De Vader, C. L., Alliger, G. M. A Meta-analysis of the Relation Between Personality Traits and Leadership Perceptions: Anapplication of Validity Generalization Procedures [J]. Journal of Applied Psychology, 1986, 71: 402-410.

[85] Luthans, F., Luthans, K. W., Luthans, B. C. Positive Psychological Capital: Beyond Human and Social Capital [J]. Business Horizons, 2004, 47(1): 45-50.

[86] Liao, H., Liu, D., Loi, R. Looking at Both Sides of the Social Exchange Coin: A Social Cognitive Perspective on the Joint Effects of Relationship Quality and Differentiation on Creativity [J]. The Academy of Management Journal, 2010, 53 (5): 1090-1109.

[87] Liden, R. C., Graen, G. B. Generalizability of the Vertical Dyad Linkage Model of Leadership [J]. Academy of Management Journal, 1980, 23: 451-465.

[88] Liden, R. C., Parsons, C. Understanding Interpersonal Behavior in the Employment Interview. In: R Eder, G Ferris (ed). The Employment Interview: Theory, Research and Practice [M]. Lawrrence Eilbaum: Hillsdale, 1989.

[89] Liden, R. C., Wayne, S. J., Stilwell, D. A Longitudinal Study on the Early Development of Leader-member Exchanges [J]. Journal of Applied Psychology, 1993, 78(4): 662-674.

[90] Liden, R. C., Sparrowe, R., Wayne, S. Leader-Member Exchange Theory: The Past and Potential for the Future [J]. Research in Personnel and Human Resource Management, 1997, 15(1): 47-119.

[91] Liden, R. C., Maslyn, J. Multidimensionality of Leader-member Exchange: An Empirical Assessment Through Scale Development [J]. Journal of Management, 1998, 24: 43-72.

[92] LingWenquan. Pattern of Leadership Behavior Assessment in China [J]. Psychologia, 1989, 32(2): 129-134.

[93] Ling, Y., Simsek, Z., Lubatkin, M. H., et al. The Impact of Transformational CEOs on the Performance of Small-to Medium-sized Firms: Does Organizational Context Matter? [J]. Journal of Applied Psychology, 2008, 93(4): 923-934.

[94] Ma, L., Tsui, A. S. Traditional Chinese Philosophies and Contemporary Leadership [J]. The Leadership Quarterly, 2015, 26(1): 13-24.

[95] Mangham, I. L., Overington, M. A. Organizations as Theatre: A Social Psychology of Dramatic Appearances [M]. Chichester: Wiley, 1987.

[96] McCall, M. W., Lombardo, M. M. Off the Track: Why and How Successful Executives Get Derailed [M]. Greensboro, NC: Center for Creative Leadership, 1983.

[97] McClelland, D. C., Boyatzis, R. E. Leadership Motive Pattern and Long-term Success in Management [J]. Journal of Applied Psychology, 1982, 67: 737-743.

[98] Meindl, J. R., Ehrlich, S. B., Dukerich, J. M. The Romance of Leadership [J].

Administrative Science Quarterly, 1985, 30: 78-102.

[99] Mintzberg, H. The Nature of Managerial Work [M]. New York: Harper and Row, 1973.

[100] Mintzberg, H. The Manager's Job: Folklore and Fact [J]. Harvard Business Review, 1975, 53: 49-61.

[101] Miner, J. B. Twenty Years of Research on Role Motivation Theory of Managerial Effectiveness [J]. Personnel Psychology, 1978, 31: 739-760.

[102] Mumford, T. V., Campion, M. A., Morgeson, F. P. The Leadership Skills Strataplex: Leadership Skill Requirements across Organizational Levels [J]. The Leadership Quarterly, 2007, 18: 154-166.

[103] Nadler, D. A., Tushman, M. L. Beyond the Charismatic Leader: Leadership and Organizational Change [J]. California Management Review, 1990, 32(2): 77-97.

[104] Pearce, C. L., Conger, J. A. Shared Leadership: Reframing the Hows and Whys of Leadership [M]. Thousand Oaks, CA: Sage, 2003.

[105] Peters, K. O., Haslam, S. A. First Follow, Then Lead: The Emergence of Leaders in Groups [M]. University of Exeter, 2009.

[106] Peterson, R. S., Smith, D. B., Martorana, P. V., Owens, P. D. The Impact of Chief Executive Personality in Top Management Team Dynamics: One Mechanism by Which Leadership Affects Organizational Performance [J]. Journal of Applied Psychology, 2003, 88: 795-808.

[107] Platow, M. J., Hoar, S., Reid, S., Harley, K., Morrison, D. Endorsement of Distributively Fair and Unfair Leaders in Interpersonal and Intergroup Situations [J]. European Journal of Social Psychology, 1997, 27: 465-494.

[108] Posner, E. A., de Figueiredo, M. F. P. Is the International Court of Justice Biased? [J]. Journal of Legal Studies, 2005, 34: 599-630.

[109] Portin, B. S., Feldman, S., Knapp, M. S. Leadership Assessment: Purposes, Uses, and Practices of Leadership Assessment in Education [M]. Improving Leadership for Learning. CTP, 2006.

[110] Quinn, R. E., Rohrbaugh, J. A Spatial Model of Effectiveness Criteria: Towards a Competing Values Approach to Organizational Analysis [J]. Management Science, 1983, 29(3): 363-377.

[111] Quinn, R. E. Beyond Rational Management: Mastering the Paradoxesand Competing Demands of High Performance [M]. San Francisco, CA: Jossey-Bass

Inc, 1988.

[112] Quinn, R. E. Applying the Competing Values Approach to Leadership: Toward an Integrative Model. In J. G. Hunt. R. Stewart. C. Schriesheim D, Hosking (Eds,). Managers and Leaders: An Imitational Perspective [M]. New York: Pergamon, 1984.

[113] Reicher, S. D., Haslam, S. A., Hopkins, N. Social Identity and the Dynamics of Leadership: Leaders and Followers as Collaborative Agents in the Transformation of Social Reality [J]. Leadership Quarterly, 2005, 16: 547-568.

[114] Reynolds, K. J., Platow, M. J. Why Power in Organizations Really Should Be Shared: Understanding Power Through the Perils of Powerlessness. In S. A. Haslam, D. van Knippenberg, M. J. Platow, N. Ellemers (Eds). Social Identity at Work: Developing Theory for Organizational Practice [M]. Psychology Press, 2003.

[115] Richard, L. D. The Leadership Experience (Third Edition) [M]. Thompson South-Western, 2005.

[116] Richardson, G. E. The Metatheory of Resilience and Resiliency [J]. Journal of Clinical Psychology, 2002, 58: 307-321.

[117] Robbins, C. J., Bradley, E. H., Spicer, M. Developing Leadership in Healthcare Administration: A Competency Assessment Tool [J]. Journal of Healthcare Management, 2001, 46(3): 188-202.

[118] Roberts, A. Hitler and Churchill: Their Leadership Secrets [M]. Phoenix, 2003.

[119] Ronald, A., Heifetz, R. M., et al. Teaching and Assessing Leadership Courses at the John F. Kennedy School of Government [J]. Journal of Policy Analysis and Management, 1989, 8 (3): 536-562.

[120] Salas, E., Cannon-Bowers, J. A. The Science of Training: A Decade of Progress [J]. Annual Review of Psychology, 2001, 52(1): 471-499.

[121] Schein, E. H. Organizational Culture and Leadership (2nd ed.) [M]. San Francisco: Jossey-Bass, 1992.

[122] Schriesheim, C. A., Neider, L. L., Scandura, T. A. Delegation and Leader-Member Exchange: Main Effects, Moderators, and Measurement Issues [J]. The Academy of Management Journal, 1998, 41(3): 298-318.

[123] Scott, S. G., Bruce, R. A. Determinants of Innovative Behavior: A Path Model of Individual Innovation in the Workplace [J]. The Academy of management journal,

1994, 37(3): 580-607.

[124] Solansky, S. T. The Evaluation of Two Key Leadership Development Program Components: Leadership Skills Assessment and Leadership Mentoring [J]. The Leadership Quarterly, 2010, 21: 675-681.

[125] Sternberg, R. J. WICS: A Model of Leadership in Organizations [J]. Academy of Management Learning & Education, 2003, 2: 386-401.

[126] Sternberg, R. J. A Systems Model of Leadership: WICS [J]. American Psychologist, 2003, 62(1): 34-42.

[127] Stogdill, R. M. Personal Factors Associated with Leadership: A Survey of the Literature [J]. Journal of Psychology, 1948, 25: 35-71.

[128] Streufert, S., Swezey, R. W. Complexity, Managers and Organizations [M]. Orlando, FL: Academic Press, 1986.

[129] Tawadros Tammy. Developing the Theater of Leadership [J]. Advances in Developing Human Resources, 2015, 17(3): 337-347.

[130] Tugade, M. M., Fredrickson, B. L., Barrett, F. Psychological Resilience and Positive Emotional Granularity: Examining the Benefits of Positive Emotions on Coping and Health [J]. Journal of Personality, 2004, 72(6): 1161-1190.

[131] Tyler, T. R., Blader, S. L. Cooperation in Groups: Procedural Justice, Social Identity, and Behavioral Engagement [M]. Psychology Press, 2000.

[132] Tyler, T. R., Blader, S. The Group Engagement Model: Procedural Justice, Social Identity, and Cooperative Behavior [J]. Personality and Social Psychology Review, 2003, 7: 349-361.

[133] Van Knippenberg, B., Van Knippenberg, D. Leader Self-sacrifice and Leadership Effectiveness: The Moderating Role of Leader Prototypicality [J]. Journal of Applied Psychology, 2005, 90: 25-37.

[134] Van Knippenberg, D. Embodying Who We Are: Leader Group Prototypicality and Leadership Effectiveness [J]. The Leadership Quarterly, 2011, 22: 1078-1091.

[135] Van Velsor. The Center for Creative Leadership Handbook of Leadership Development(2nd) [M]. San Francisco, CA: Jossey-Bass, 2004.

[136] Vroom, V. H. Leadership and the Decision-making Process [J]. Organizational Dynamics, 2000, 28(4): 82-94.

[137] Vroom, V. H., Jago, A. G. The New Leadership: Managing Participation in Organizations [M]. Englewood Cliffs, NJ: Prentice Hall, 1988.

[138] Vroom, V. H., Jago, A. G. The Role of the Situation in Leadership [J]. American Psychologist, 2007, 62(1): 17-24.

[139] Vroom, V. H., Yetton, P. W. Leadership and Decision Making [M]. Pittsburgh, PA: University of Pittsburgh Press, 1973.

[140] Wang, X. H., Howell, J. M. Exploring the Dual-level Effects of Transformational Leadership on Followers [J]. Journal of Applied Psychology, 2010, 95(6): 1134-1144.

[141] Weick, K. E. Positive Organizing and Organizational Tragedy. In K. S. Cameron, J. E. Dutton, R. E. Quinn (eds). Positive Organizational Scholarship: Foundationsof a New Discipline [M]. San Francisco: Berrett-Koehler Publishers, 2003.

[142] Werner, Emmy. Protective Factors and Individual Resilience. In Samuel Meisels and Jack Shonkoff (eds). Handbook of Early Childhood Intervention [M]. New York: CambridgeUniversity, 1990.

[143] Wyk, J. V. The Utilisation of a 360° Leadership Assessment Questionnaire as Part of a Leadership Development Model and Process [D]. Doctor Philosophiae Psychology, University of Pretoria, 2007.

[144] Yukl. G. Leadership in Organizations [M]. Englewood Cliffs, NJ: Prentice-Hal I, 1981.

[145] Yukl, G. Leading Organizational Learning: Reflections on Theory and Research [J]. The Leadership Quarterly, 2009, 20(1): 49-53.

[146] Zaccaro, S. J., Banks, D. Leader Visioning and Adaptability: Bridging the Gap Between Research and Practice on Developing the Ability to Manage Change [J]. Human Resource Management Journal, 2004, 43: 367-380.

[147] Zaccaro, S. J., Dubrow, S., Kolze, M. J. Leader Traits and Attributes. In Antonakis, J., Day, D. V. (eds). The Nature of Leadership (Third Edition) [M]. Thousand Oaks, CA, US: Sage Publications, Inc, 2018.

[148] Zaccaro, S. J., Foti, R. J., Kenny, D. A. Self-monitoring and Trait-based Variance in Leadership: An Investigation of Leader Flexibility Across Multiple Group Situations [J]. Journal of Applied Psychology, 1991, 76: 308-315.

[149] Zaccaro, S. J., Kemp, C., Bader, P. Leader Traits and Attributes. In Antonakis, J., Cianciolo, A. T., Sternberg, R. T. (eds), The Nature of Leadership [M]. Thousand Oaks, CA, US: Sage Publications, Inc, 2004.

后 记

领导科学在我国的兴起和发展是与改革开放进程基本同步的。40余年来,来自不同学科、不同领域的学者们围绕领导活动、领导工作展开了持续不断的探讨和研究,取得了令人瞩目的成果。尽管人们对领导科学的学科属性与学科定位有着不同的理解和观点,但对于领导科学是一门研究现代领导活动规律及其方法的新兴学科和交叉学科,则是有着比较一致的看法。当前,中国特色社会主义进入新时代,为我国领导科学研究带来了新的契机。一方面,领导科学需要积极回应社会现实,思考并解答新时代领导活动中的现实问题;另一方面,领导科学也需要加大理论研究的力度,着力开展中国本土领导理论的研究。

上海市委党校(上海行政学院)作为上海市干部教育培训的主阵地和主渠道,一直非常重视领导科学方面的研究和教学。2000年6月,上海市委党校(上海行政学院)便成立了现代人力资源测评研究中心,此后部门逐步形成了领导科学和人力资源管理并重的学科发展布局。2016年9月,为了进一步加强领导科学的学科建设,上海市委党校(上海行政学院)在现代人力资源测评研究中心的基础上正式成立了领导科学教研部,同时保留现代人力资源测评研究中心称号。为适应新时代广大干部群众学习研究领导科学的需要,上海市委党校(上海行政学院)领导科学教研部(现代人力资源测评研究中心)在部门成立20周年之际,组织撰写了这本《领导科学理论与实践》,旨在通过理论与实践两个层面的介绍,帮助领导科学研究者和实践工作者更深入地了解领导科学研究动向和发展动态,从而不断改进领导实践,提升领导工作能力和专业素养。

本书共包含十二章,其中前五章偏重于对领导理论的介绍和阐释,包括特质理论、情境理论、社会认同理论、变革型领导理论、领导-下属交换理论、领导行为复杂性理论等；后七章则侧重于领导实践和领导力提升的分析和归纳，如领导与决策、领导与用人、领导与执行、领导力测评、领导力开发、领导者的心理复原力及心学智慧与领导力等。本书的一个突出特色就是领导理论同领导实践的有机结合，在章节安排上先介绍领导理论，再介绍领导实践，并在每一章都注重两者的交叉融合。本书的另外一个特色是参与撰写人员的学科背景多样化特点，系由来自管理学、心理学、社会学、政治学等学科的教研人员团队合作而成。

  本书由毛军权教授拟定整体框架、撰写重点和基本要求，并进行审校及最终定稿，柳恒超教授协助完成了部分统筹工作。本书各章执笔人分别为：第一章，毛军权；第二章，柳恒超；第三章，李婷玉；第四章，陈思；第五章，毛军权、柳恒超；第六章，杨国庆；第七章，李婷玉；第八章，杨国庆；第九章，毛军权、罗凤英；第十章，刘建洲；第十一章，罗凤英；第十二章，李明。

  衷心地感谢奚洁人教授、郭庆松教授等专家学者给予的关心和帮助！这里还需要指出的是，在本书的撰写过程中，参阅、引用了有关著作和文章，其中大部分已在书后列出，可以作为读者进一步学习研究的路径指引，但限于篇幅，可能会有遗漏，在此一并对这些著作和文章的作者表示最诚挚的谢意！

  本书难免有疏漏之处，敬请广大读者批评指正。

毛军权
2020 年 8 月 10 日

图书在版编目(CIP)数据

领导科学理论与实践/毛军权等著. —上海:复旦大学出版社,2020.9
ISBN 978-7-309-15325-5

Ⅰ.①领… Ⅱ.①毛… Ⅲ.①领导学-高等学校-教材 Ⅳ.①C933

中国版本图书馆 CIP 数据核字(2020)第 165722 号

领导科学理论与实践
毛军权 等 著
责任编辑/王雅楠

复旦大学出版社有限公司出版发行
上海市国权路 579 号　邮编:200433
网址:fupnet@fudanpress.com　http://www.fudanpress.com
门市零售:86-21-65102580　团体订购:86-21-65104505
外埠邮购:86-21-65642846　出版部电话:86-21-65642845
上海四维数字图文有限公司

开本 787×960　1/16　印张 11.75　字数 186 千
2020 年 9 月第 1 版第 1 次印刷

ISBN 978-7-309-15325-5/C·401
定价:36.00 元

如有印装质量问题,请向复旦大学出版社有限公司出版部调换。
版权所有　侵权必究